UNIVERSITÉ DE PARIS — FACULTÉ DE DROIT

L'INDUSTRIE COTONNIÈRE
EN NORMANDIE

SON HISTOIRE SOUS LES DIFFÉRENTS RÉGIMES DOUANIERS

THÈSE POUR LE DOCTORAT

présentée et soutenue
le Samedi 1er Juin 1901, à 2 heures

PAR

Gaston BEAUMONT

Président : M. CAUWÈS.

Suffragants { MM. JAY, SOUCHON, } *professeurs*.

PARIS
LIBRAIRIE NOUVELLE DE DROIT ET DE JURISPRUDENCE
ARTHUR ROUSSEAU
ÉDITEUR
14, rue Soufflot, et rue Toullier, 13

1901

THÈSE

POUR LE DOCTORAT

UNIVERSITÉ DE PARIS — FACULTÉ DE DROIT

L'INDUSTRIE COTONNIÈRE

EN NORMANDIE

SON HISTOIRE SOUS LES DIFFÉRENTS RÉGIMES DOUANIERS

THÈSE POUR LE DOCTORAT

L'ACTE PUBLIC SUR LES MATIÈRES CI-APRÈS

Sera soutenu le Samedi 1er Juin 1901, à 2 heures

PAR

Gaston BEAUMONT

Président : M. CAUWÈS.

Suffragants } MM. JAY, SOUCHON, } *professeurs.*

PARIS

LIBRAIRIE NOUVELLE DE DROIT ET DE JURISPRUDENCE

ARTHUR ROUSSEAU

ÉDITEUR

14, rue Soufflot, et rue Toullier, 13

1901

CHAPITRE PREMIER

LES INDUSTRIES TEXTILES. — LEUR IMPORTANCE. — L'INDUSTRIE COTONNIÈRE EN FRANCE ET PARTICULIÈREMENT EN NORMANDIE.

—

On peut diviser les industries d'une nation en deux catégories : les industries de luxe et les industries que nous appellerons nécessaires. Les industries de luxe livrent à la consommation des produits dont la fabrication peut être une grande source de richesse, mais qui ne sont pas strictement nécessaires à la vie : exemple : la bimbeloterie, les objets d'arts. Les industries nécessaires sont celles au contraire qu'un pays ne peut abandonner sans risquer de devenir tributaire de l'étranger ou de subir une crise intérieure désastreuse. Les unes sont indispensables à la défense militaire de l'État, les autres peuvent par le nombre même des ouvriers qu'elles emploient avoir une véritable nécessité sociale.

A la tête de ces industries nécessaires se trouvent les industries textiles, ce sont les industries les plus puissantes des pays civilisés. Leur production annuelle dans le monde représente la valeur énorme de 17 milliards,

chiffre de beaucoup supérieur à celui de toute autre
industrie. Il semble qu'elles soient pour un pays, un
brevet de haute civilisation, un criterium certain de sa
prospérité. L'Espagne en décadence a vu disparaître
les manufactures, filatures et tissages qui avaient fait sa
fortune et sa puissance au temps des Maures et des premiers rois catholiques. Le Japon au contraire qui marche à pas de géant vers la civilisation la plus avancée
submergera bientôt, si on n'y prend garde le marché des
deux mondes.

Les principales industries textiles sont celles de la
laine, du coton, de la soie, du lin et du chanvre. La
France étant un pays de productions très variées, tous
ces textiles sauf un, le coton, nous sont fournis par notre sol. Or une importante distinction doit être faite
entre les industries qui consomment des produits indigènes et celles qui s'alimentent de produits exotiques.
Au point de vue économique, la situation est toute différente, car dans le cas d'une industrie utilisant des produits indigènes les intérêts de l'agriculture et de l'éle-
vage viennent s'ajouter aux intérêts industriels. Il
semble donc que ce sont là les véritables industries natio-
nales, et que l'industrie cotonnière qui transforme une
matière importée ne doit avoir à côté des autres industries textiles qu'une importance secondaire. Cependant
elle a pris une si grande extension, les produits qu'elle
fournit sont de si haute utilité, qu'elle est devenue une
nécessité nationale et que sa disparition entraînerait des

ruines incalculables. Elle se rencontre dans 33 de nos départements. Elle faisait tourner avant la perte de l'Alsace 6,500,000 broches. En 1895 leur nombre était réduit à 4,600,000, mais il s'est augmenté depuis et on peut dire sans exagération qu'il existe à l'heure actuelle en activité plus de 5,000,000 de broches dont le produit fait battre 100,000 métiers, 80,000 mécaniques et 20,000 à bras. Elle emploie environ 200,000 ouvriers.

Les principaux centres de production sont le Nord, la Normandie, l'Eure, la Loire et les Vosges. Depuis que l'Allemagne s'est annexé le Haut-Rhin, la région normande est celle où l'industrie de la filature et du tissage occupe le plus d'ouvriers. Elle produit à elle seule près d'un tiers de ce que fabrique la France. Rouen est le grand centre industriel de la contrée; c'est son port qui exporte encore plus que celui du Hàvre, les cotonnades françaises à l'étranger et dans nos colonies surtout en Algérie, en Indo-Chine et à Madagascar.

L'industrie normande se distingue essentiellement de celles de l'Alsace, de Saint-Quentin, de Roanne et de Tarare. Elle ne fait guère que les étoffes les plus simples, les plus lourdes, les moins chères, partant celles qui sont de plus grande consommation; la main-d'œuvre n'entre que pour un quart ou un cinquième dans la valeur du produit.

Près de deux millions de broches filent le coton à Rouen et dans les bourgs avoisinant, le Petit Quevilly, Darnetal, Deville, Maromme, Malaunay, Saint-Etienne-

du-Rouvray, Monville, Pavilly. La vallée de la Seine et
celle de l'Andelle sont hérissées d'usines où sont mises
en œuvre, non seulement les grandes industries de la
filature et du tissage, mais aussi les industries annexes
du blanchiment, de la teinturerie, de l'impression sur
étoffes, des tulles et dentelles. Toutes ces fabriques dis-
tribuent du travail et par conséquent des salaires à
plus de 35,000 ouvriers répartis dans un millier d'établissements qui consomment la force de 65,000 chevaux. Toute cette contrée normande est admirablement
propre à l'industrie cotonnière. Elle possède un climat
humide absolument nécessaire à la fabrication des filés,
car dans un air trop sec, le fil de coton qui est une
matière très hygrométrique se dessèche et devient cassant. Par le voisinage de la mer et de l'Angleterre, par
la facilité que lui donne le cours de la Seine pour le
transport économique de la houille anglaise, elle a le
charbon aussi bon marché qu'il est possible de l'avoir
dans notre pays. La matière première lui arrive directement de notre grand port du Havre, soit qu'elle
vienne du grand marché de Liverpool, soit directement
des pays producteurs. Enfin ces mêmes facilités existent
aussi pour l'exportation des produits fabriqués, et il y
a bien peu de transport à payer du seuil de l'usine d'où
sort le tissu jusqu'au port du cargo-boat qui l'em-
portera au-delà des mers, à l'étranger et dans nos colonies.

Cette industrie, la plus grande après celle de la laine,

porte malgré sa colossale extension, tous les caractères d'une industrie acclimatée. Pour reprendre une expression trop connue, nous pouvons dire que c'est *le colosse aux pieds d'argile* de l'industrie française. Elle est très sensible à toutes les causes de perturbation dans l'arrivée et le prix de la matière première, ainsi que dans le régime appliqué aux produits similaires étrangers. Tout changement dans les lois qui régissent nos échanges a une répercussion violente et immédiate sur sa prospérité. Il est donc particulièrement intéressant d'étudier quels ont été les effets de nos différentes lois douanières dans cette branche de notre activité nationale; nous y verrons mieux que dans toute autre industrie quelle prospérité ou quelle ruine peut amener la mise en pratique de telle ou telle doctrine économique.

Nous nous bornerons à passer en revue l'histoire de l'industrie normande ; c'est celle qui a pour nous le plus d'intérêt car ce centre industriel par sa fabrication même de tissus courants se trouve en butte plus que tout autre à la concurrence étrangère. Nous verrons ce qu'elle a été dans le passé, nous étudierons sa situation actuelle, et nous nous efforcerons de découvrir quel avenir lui semble réservé. Tel sera le sujet de cette étude.

Mais avant d'entrer dans l'histoire de l'industrie cotonnière il nous faut d'abord connaître ce que c'est que la matière première qui lui donne la vie, puis pour éclaircir certains points de ce travail où se trouveront forcément quelques termes techniques, nous décrirons, sans entrer dans le détail, les opérations les plus importantes auxquelles l'industrie soumet le coton.

CHAPITRE II

LE COTON. — NOTIONS SOMMAIRES SUR LES DIVERSES INDUSTRIES AUXQUELLES IL DONNE NAISSANCE.

—

Le coton — en anglais *cotton*, en allemand *baumwoll* ou *arbre à laine* — est le duvet soyeux qui entoure dans leurs capsules les graines du cotonnier, plante de la famille des *Malvacées*. Strabon et Pline ont décrit le cotonnier sous le nom de *Gossypium*, c'est le nom qu'il a conservé en botanique.

Il est fort difficile de donner de la plante une description fidèle, et de ses divers caractères une définition exacte, car elle se modifie complètement suivant le climat, la nature du sol, le genre de culture, les conditions extérieures, auxquelles elle est soumise. Les caractères qui servent en botanique à déterminer les espèces varient d'un pied à un autre dans une même plantation, parfois même sur un même pied. Plante annuelle en un pays, elle deviendra vivace dans un autre, véritable Protée à transformations multiples. Aussi les auteurs les plus compétents qui ont parlé du coton, M. T. Watts, le colonel Clarke en Angleterre et en France M. L. Des-

champs, délaissant une classification scientifique trop
peu exacte ou trop compliquée, rangent les cotonniers
en deux types distincts :

1° Le *cotonnier asiatique;*

2° Le *cotonnier américain.*

I

LE COTONNIER ASIATIQUE

Nous trouvons dans les Indes deux espèces différentes :

1° Le *Gossypium religiosum ou arboreum.* — C'est
la plante sacrée des Indous. Au point de vue industriel
elle ne présente pas d'intérêt, car on ne la cultive pas
pour les manufactures. Le coton qu'elle produit ne sert
guère qu'à la confection des objets sacrés du culte. On
la rencontre dans les jardins qui entourent les temples ;
c'est une très belle plante d'ornement, et ses fleurs
d'un beau rouge font un effet superbe dans les massifs ;

2° Le *Gossypium herbaceum.* — Ce cotonnier est un
arbrisseau à fleurs jaunes, à gousses renfermant des
graines peu nombreuses et à duvet serré et adhérent.
Ses formes varient à l'infini suivant les contrées, sa hauteur est de 50 centimètres à 2 mètres. C'est une espèce
très rustique qui s'accommode un peu de tous les cli-
mats. On la cultive dans le Levant, dans les Iles de
l'Archipel, aussi bien que dans l'Inde et elle pourrait

bien être l'espèce mère des cotons de la Chine, du Japon, de la Perse.

Au point de vue industriel, on ne peut guère classer les cotons indiens que d'après les districts où ils sont cultivés. Les commissionnaires importateurs les rangent ordinairement en dix classes correspondant à dix régions. Ce sont :

le Guzeraty,	le Cutch,
le Kandish,	le Scinde,
le Berar,	le Combator,
le Barsée,	le Tinnevelly,
le Darwar,	le Bengale.

Ces dix classes se divisent elles-mêmes en sous-classes, dont l'énumération fastidieuse nous semble inutile ici ; elle ne nous rapprocherait pas beaucoup d'une classification exacte, car ces nouvelles classes pourraient aussi se subdiviser, chaque champ de coton donnant un produit qu'il est toujours possible de différencier du produit du champ voisin.

D'une façon général, les cotons des Indes sont de bonne qualité, leur fibre est *assez longue, fine* et *forte*.

II

COTONNIER AMÉRICAIN.

Comme son congénère, le cotonnier asiatique, le cotonier américain peut se diviser en deux espèces :

1° Le Gossypium Barbadense ;

2° Le Gossypium hirsutum.

Le *Gossypium Barbadense* est une plante vivace de deux à quatre mètres de hauteur. Les fleurs sont jaune clair taché de pourpre. La capsule contient de huit à dix graines noires et lisses, entourées d'un duvet, long, fin, soyeux et peu adhérent.

Le *Gossipium hirsutum* est plus petit. La fleur est rose pâle presque blanche, ses graines sont vertes entourées d'un duvet fin mais assez court.

Le *Gossypium Barbadense* fournit la qualité Georgie, longue soie qui est la plus belle de toutes.

Le *Gossypium hirsutum* fournit la qualité dite des Louisianes.

L'Egypte fournit à l'industrie une grosse part de coton. Ce coton dit « jumel », est produit par le Barbadense qu'on a introduit dans la vallée du Nil. Ce cotonnier perd sous le ciel africain quelques-unes de ses qualités et est inférieur au « Géorgie longue soie », cependant dans l'échelle des qualités, il occupe le second rang immédiatement après celui-ci.

Voici du reste, classés d'après l'ordre de la longueur des fibres, les sortes de coton les plus employées :

1° Le Géorgie longue soie ;

2° Le Jumel ;

3° Les cotons de l'Amérique du Sud ;

4° Les cotons des Louisianes ;

5° Les divers cotons d'Asie en commençant par les

cotons indiens, pour finir par ceux de la Chine, du Japon et de la Perse.

Mais qu'est-ce que la fibre du coton ? La fibre examinée au microscope nous apparaît comme une longue cellule cylindrique, un peu aplatie. Elle est recouverte d'une sorte d'enduit formant membrane pelliculaire, soluble dans la potasse caustique, l'ammoniaque et l'alcool. C'est cet enduit qui donne au filé son brillant, brillant précieux pour la beauté du fil à obtenir, et qu'un cardage trop brutal peut faire disparaître, en rendant le fil terne et grisâtre.

La force d'un filé dépend de la longueur des fibres, car plus celles-ci sont longues, plus le nombre de torsions est grand et plus le filé est résistant.

On a mesuré scientifiquement et avec des appareils très perfectionnés et délicats la longueur et le diamètre des différents fibres de coton, nous ne citerons pas les résultats numériques de ces mesures qui ont été faites sur plus de douze cents échantillons. Nous nous contenterons de remarquer que des chiffres obtenus, on déduit que *la finesse de la fibre est en relation directe avec sa longueur*, c'est-à-dire que les cotons les plus longs sont aussi les plus fins.

Un autre facteur très important de la qualité de la fibre est sa résistance à la rupture. M. O. Neill a inventé un appareil très ingénieux pour mesurer cette résistance. De ses expériences, il résulte *que la résistance de la fibre est proportionnelle à sa section,* avec un léger avantage pour la sorte « Jumel ».

Les qualités d'un même coton varient beaucoup suivant le mode et l'époque de la récolte.

Le cotonnier fleurit de juin à décembre. La récolte a lieu pendant toute cette période, mais l'époque la plus favorable est le mois d'août.

Suivant la période où il a été récolté, le coton se divise en quatre sortes de valeur très inégales.

1° Le coton récolté au commencement de la cueillette. C'est le plus beau, car il n'a pas été abîmé par les gelées ou les pluies.

2° Le coton cueilli plus tard en saison. — Le froid et l'humidité ont souvent abîmé la fibre. Celle-ci contient une forte proportion de fibres courtes et sans éclat qu'on appelle le coton mort.

3° Le coton qui a gelé et qui contient de grandes quantités de débris de feuilles et de capsules.

4° Le coton de rebut formé de fibres arrachées par le vent et polluées par le contact de la terre et du sable.

Le coton, une fois récolté, n'est pas encore bon à livrer à la manufacture qui le tranformera en filé. Il doit subir plusieurs opérations que nous allons passer rapidement en revue.

Egrenage et mise en balles.

Adhérente à la fibre, seule utilisée dans l'industrie, se trouve la graine qu'il faut éliminer. Cette première opération est celle de l'*égrenage*, opération importante et assez difficile, car il faut craindre d'abîmer la fibre en la séparant de sa graine. On a d'abord égrené à la main, puis on a eu recours à des machines grossières, entre autres, la *Churka*, d'origine indienne. C'est un appareil bien simple composé de deux rouleaux animés d'un mouvement contraire et qui laisse passer la fibre tout en retenant la graine. Mais dans les grandes cultures de coton, on remplace cet instrument par des machines plus puissantes, dont la production est bien plus grande et dont la plus répandue s'appelle l'égreneuse Macarthy.

Une fois le coton séparé de ses graines, il est pressé et mis en balles de poids très variable suivant le pays de production.

La balle des États-Unis pèse environ 230 kilos, celle d'Égypte 220 kilos, celle du Brésil ne pèse guère que 90 kilos.

Ces balles sont cerclées de bandes de fer pour les garantir pendant le voyage, et pour qu'on puisse les manipuler facilement.

Le coton est dirigé en Europe sur les grands marchés dont le plus important de beaucoup est Liverpool. Viennent ensuite par ordre d'importance Le Havre qui approvisionne la Normandie, Marseille, Amsterdam, Hambourg, Brème et Gênes.

Supposons la balle de coton arrivée sur un de ces marchés. Elle va être achetée par un industriel, si elle ne l'a pas été directement au pays d'origne. Suivons-la dans la manufacture. Nous assisterons aux diverses transformations que va lui faire subir l'industrie.

La première opération subie par le coton brut est la transformation en « filé » c'est-à-dire en un fil continu et résistant, apte à servir au tissage des étoffes. C'est l'œuvre de la *filature*.

Filature.

Les opérations d'une filature se décomposent en six parties distinctes :

1° *Le mélange et le battage.* — Le coton brut est sorti des balles. Diverses qualités sont mélangées ensemble pour former un filé de qualité déterminée, puis ce mélange passe dans des machines qui le débarrassent des impuretés, terre, graine, morceaux de bois, qui le souillent encore.

2° *Le cardage et le peignage.* — Dans ces deux opérations, le coton commence à former une masse continue, non sous la forme de fil, mais sous celle d'une nappe sans résistance qui semble couler comme de l'eau sous les nombreux cylindres des machines à carder et à peigner.

3° *L'étirage ou laminage sans friction ni torsion.* — La nappe de coton formée par le cardage est séparée en plusieurs bandes. Ces bandes n'ont subi aucune torsion, elles n'ont donc pas la forme d'un fil rond. Ce sont des rubans plats, beaucoup plus épais et plus denses que la nappe qui les a formés, mais dont la ré-

sistance serait insuffisante pour subir l'effort du métier
à filer.

4° *L'étirage avec friction et torsion.* — Les rubans subissent une première torsion. Ils prennent la
forme ronde. Ils deviennent un fil. La torsion leur a
donné la résistance suffisante pour pouvoir passer sur
le banc à filer.

Ces quatre opérations sont des opérations préparatoires. Toutes les machines qui les ont faites sont ce
qu'on appelle dans l'industrie des machines de préparation. Elles sont indépendantes du nombre de broches
d'une filature. Leur nombre peut varier beaucoup, suivant les numéros, c'est-à-dire la grosseur des filés, que
fabrique la filature.

5° *Le filage.* — Le filage est l'opération essentielle
de la filature. On pourrait très bien concevoir des usines dont le seul but serait de préparer le fil et de lui
faire subir les transformations que nous avons décrites.
Elles ne seraient pas des *filatures*, car elles ne produi-
raient pas de *filés*.

Le fil sortant de l'étirage avec torsion, passe sur des
broches à tisser, qui l'étirent, le tordent, lui donnent la
résistance et la grosseur voulue. Nous ne décrirons pas
ici les divers métiers à filer. Nous parlerons des types
les plus répandus quand nous ferons l'historique de la
filature, chaque invention d'un métier nouveau ayant
produit de véritables révolutions dans l'histoire de l'industrie.

6° *Le dévidage, le vaporisage, le paquetage, l'emballage.* — Le filé, quand il sort du métier, se trouve sur de petites bobines formées par des tubes de papier. Pour le teindre, il faut le dévider et le mettre en écheveaux, car on ne pourrait le teindre en bobines. Cette opération du dévidage semble peu importante, c'est cependant une des plus onéreuses pour la filature, car elle demande une grande surveillance et partant une main d'œuvre importante :

Le coton filé doit contenir une certaine quantité d'eau sans quoi il deviendrait cassant et impropre au tissage. C'est pourquoi on le soumet au « vaporisage » qui lui restitue l'humidité qu'il a perdu pendant la filature.

Enfin avant d'être vendu au tisseur, le fil en écheveaux est empaqueté et emballé. Ce sont les dernières opérations qu'il subit à la filature. Il va en sortir pour aller dans une autre manufacture « le tissage » qui le transformera en étoffe.

Tissage.

Cette industrie du tissage dérive immédiatement de la filature. Il y a quarante ans, on entendait par tissage mécanique *le tissage écru* par opposition au tissage à la main. Le tissage écru produisait les tissus appelés calicots et le tissage à la main les étoffes formées de fils de couleur qu'à cause de leur origine on a appelé des « rouenneries ». Aujourd'hui ces rouenneries se font aussi au métier mécanique, et le métier à main ne sert plus guère qu'à la confection des tissus les plus chers et de vente peu courante. Nous reviendrons sur cette question quand nous étudierons en particulier l'industrie de la rouennerie.

Citons en les décrivant rapidement les opérations les plus importantes du tissage. Ce sont le *bobinage*, l'*ourdissage*, le *parage*, le *remettage* enfin le *tissage* proprement dit.

Bobinage. — Le bobinage comme son nom l'indique consiste à enrouler sur les bobines du métier à tisser le fil que la filature fournit en écheveaux. C'est donc une opération des plus simples et qui ne demande pas d'autres explications.

Ourdissage. — Dans cette opération, on assemble parallèlement et sous la même tension les divers fils de la chaîne. On appelle « *chaîne* » d'un tissu les fils qui sont dans la longueur, « *trame* » ceux qui sont dans la largeur. La chaîne qui forme la longueur de la pièce d'étoffe a généralement de 80 à 110 mètres.

L'ourdissage qui se faisait autrefois à la main se fait maintenant à la mécanique. Les bobines au nombre de 300 à 400 sont placées sur un plan incliné leurs axes étant horizontaux. Tous les fils passent entre les dents d'un peigne vertical qui les écarte également les uns des autres, puis de là vont se placer sous un système de trois cylindres qui les entraînent et les mènent sous un quatrième cylindre sur lequel ils s'enroulent. La chaîne se trouve ainsi formée..

Parage. — Mais les fils de cette chaîne ne sont pas encore propres au tissage. Ils sont trop cassants et ne glissent pas assez. Leur surface est trop rugueuse. Par l'opération du *parage* on les enduit de colle, pour remédier à cet inconvénient. L'encollage du coton se fait à la mécanique. La chaîne passe entre deux cylindres garnis de flanelle qui l'entraînent dans un bain de colle, puis ces brosses animées de mouvements alternatifs enlèvent l'excédent de liquide. De là elle s'enroule sur des cylindres chauffés tandis que de puissants ventilateurs lui envoient des bouffées d'air chaud. Elle s'enroule complétement séchée sur un dernier rouleau.

Remettage. — La chaîne ainsi préparée est fixée sur le métier. Les fils sont fixés aux lisses qui doivent les faire mouvoir. Ces lisses sont en nombre variables suivant la complication des tissus.

La préparation des fils de trame est beaucoup plus simple. On enroule les écheveaux sur des canettes, qu'on mouille avant de les placer dans la navette pour leur donner de l'élasticité.

Tissage. — Nous arrivons à l'opération du tissage proprement dit. Pour les étoffes unies, écrues ou de couleur, l'opération est excessivement simple.

Les fils de la chaîne étant disposés parallèlement, il faut introduire entre eux perpendiculairement les fils de la trame de façon que l'un de ces derniers passe sur tous les premiers de deux en deux et au-dessous des autres. Un métier pour uni, ne comporte que deux lisses. On soulève l'une des deux, tandis que l'autre est abaissée. Les fils impairs par exemple sont soulevés tandis que les fils pairs sont tirés vers le bas du métier. Les premiers formeront au-dessus des autres une sorte de petit tunnel dans lequel filera la navette. Quand les lisses auront repris leur position normale il est facile de comprendre que le fil de trame se trouvera au-dessus de tous les fils pairs et au-dessous de tous les fils impairs.

Puis on fait l'opération inverse ; c'est la lisse des fils pairs qui s'élève et l'autre qui reste immobile et ainsi de suite indéfiniment.

Les deux lisses sont composées chacune de fils verticaux de même longueur terminés à leurs extrémités inférieures par des boucles dans lesquelles passent les fils de la chaîne.

Pour les étoffes croisées ou de diverses couleurs, c'est un peu plus compliqué. Au lieu de deux lisses, on en emploie quatre, cinq, ou même plus, chacune groupant des fils de différentes nuances et avec des combinaisons différentes. Puis on groupe ces lisses elles-mêmes, suivant la disposition à produire ou leur donnant des mouvements alternatifs suivant une loi périodique.

La trame se composant de plusieurs couleurs, est formée par les fils de plusieurs navettes enfermées dans une boîte appelée « revolver ». Par un dispositif des plus ingénieux, cette boîte laisse échapper alternativement les navettes des différentes teintes. On conçoit qu'en combinant les mouvements du « revolver » avec ceux

des lisses, on peut fabriquer les tissus les plus variés
et comme coloris et comme disposition de l'étoffe.

En sortant du tissage, le tissu est rarement livré directement au commerce. Il doit subir encore d'autres
opérations qui vont donner naissance à trois industries
des plus importantes que nous pouvons citer dans l'ordre
suivant : *Le blanchiment, la teinture, l'impression.*

Blanchiment.

Les étoffes de coton, outre la fibre végétale renfer-
ment des matières résineuses et grasses inhérentes à la
fibre, des matières grasses provenant des métiers à filer
et à tisser, une matière neutre, colle ou amidon venant
de l'encollage, des impuretés diverses, souillures quel-
conques venant de la suite des opérations. Toutes ces
impuretés protègent un autre matière étrangère à la
fibre, une matière colorante qui produit la teinte jau-
nâtre des écrus et qu'il faut donc leur enlever avant de
commencer la décoloration. C'est là l'œuvre de l'industrie du blanchiment. Nous ne décrirons pas les diverses
opérations qu'on fait subir aux tissus. Chaque industriel
a ses procédés qu'il s'efforce de tenir plus ou moins
secrets. Qu'il nous suffise de dire que tous s'appuient
sur les propriétés oxydantes de l'air, des chlorures dé-
colorants et même de l'oxygène ozonisé.

Le tissu sorti du blanchiment peut être vendu tel
quel, mais souvent, il sera envoyé à la teinturerie ou à
l'imprimerie.

Teinturerie.

La *teinturerie* a pour but de communiquer au tissu une teinte uniforme. A la vérité, on teint très peu de tissus. Généralement on teint le fil et on tisse ensuite. Cependant les étoffes rouges que nous appelons *andrinoples* sont teintes en pièces. Or, cette fabrication de l'andrinople est des plus importantes en Normandie. C'est vers 1750 qu'on commença à fabriquer à Rouen, grâce aux efforts des teinturiers Fesquet, Pinel, Dugard, Auvray, etc., ces étoffes dont le monopole appartenait aux Indiens et aux Grecs de Smyrne. Bientôt même la fabrication de l'andrinople devint une gloire de l'industrie normande qui arriva à surpasser de beaucoup la perfection des Orientaux. Les procédés de teinture sont du domaine de la chimie pure. Nous ne les décrirons donc pas, nous bornant à signaler l'importance de cette branche de l'industrie cotonnière. Remarquons cependant que la *teinturerie* comme le *blanchiment* n'entraînent pas de mouvement d'affaires à proprement parler. En effet, il n'y a ni achat de matière première, ni vente de produit fabriqué. Le teinturier et le blanchisseur travaillent à façon. Le tisseur ou le filateur leur donnent à traiter pour un certain prix leurs fils et leurs tissus ; le teinturier n'achète donc pas pour revendre. Tout autre est le rôle de la troisième branche, l'impression sur étoffes.

Impression sur étoffes.

L'industrie de l'impression sur étoffes, appelée aussi *Indiennerie* ou *industrie des toiles peintes,* fut introduite en France par Oberkampf, fils d'un teinturier d'Aarau en Suisse. Il fonda en 1759 la belle fabrique de Jouy (Seine-et-Oise) et à peu près près vers la même époque un Normand en créa une autre à Bouteville, près Rouen. Cette dernière ville, dès l'année 1806 possédait 30 fabriques d'indiennes. Le principe de l'impression sur étoffe est le même que celui de l'impression typographique mais l'art de l'imprimeur et du dessinateur se complique aussi de celui de teinturier, car il faut que les couleurs jetées sur le tissu soient non seulement harmonieuses, mais aussi solides et résistantes au lavage ce qui s'obtient par un emploi judicieux des couleurs et des mordants. Les opérations de l'impression sur étoffes sont des plus diverses et des plus compliquées, car, suivant les dessins et les couleurs, les procédés employés changent complètement. On peut en effet ou déposer des couleurs au moyen de rouleaux gravés en relief, ou appliquer l'étoffe sur des planches gravées en creux. On peut aussi enduire l'étoffe de mordant et la passer dans un bain de teinture ordinaire, ou encore la teindre entièrement et enlever la couleur déposée en certaines places ce qui forme le dessin.

Toutes ces opérations exigent un matériel très coûteux et une main-d'œuvre très nombreuse. Nous en verrons les conséquences en étudiant l'histoire économique des indienneries normandes.

Notons que l'imprimeur sur étoffes ne travaille pas à façon ; il achète le tissu écru et le revend imprimé pour son propre compte.

A côté de ces grandes industries que nous venons de passer en revue s'en trouvent une multitude d'autres qui ne font pas à proprement parler partie de l'industrie cotonnière, mais dont la prospérité est tellement liée à celle-ci que nous devrons les considérer comme de véritables industries annexes. Ce sont la construction des machines à vapeur et des métiers à filer et à tisser, la fabrication des cardes, celle des bobines en papier, les produits chimiques et les produits tinctoriaux.

Toutes ces branches de notre industrie nationale sont directement intéressées à leur prospérité réciproque. Elles forment en raccourci un exemple frappant de cette nécessité d'un développement harmonique des diverses activités de la nation. Cependant on pourrait croire qu'elles se livrent une guerre acharnée. Le tisseur veut obtenir du planteur ses filés au plus bas prix, l'imprimeur de son côté veut acheter ses tissus le meilleur marché possible. Le produit fabriqué d'une branche devient la matière première de l'autre, or, ici comme dans toute industrie soumise au jeu de l'incidence des droits de douane, l'industriel est libre-échangiste pour ses matières premières, et protectionniste pour les produits de son usine. De là des intérêts diamétralement

opposés au premier examen. Cependant nous verrons
que dans les périodes de crise, toutes les branches ont
souffert à peu près également et que la ruine des filatures a entraîné celle des tissages, des imprimeries et de
toutes les autres industries annexes. Ce lien économique qui, en dépit des apparences, relie tous les membres
de l'industrie cotonnière, comme nous le verrons dans
le cours de cette étude, les industriels normands l'ont
respecté plus que tous les autres. Ils ont toujours fait
preuve d'une solidarité admirable et c'est seulement en
oubliant leurs intérêts personnels et en faisant preuve
du plus louable et plus intelligent esprit de corps qu'ils
sont arrivés à sortir de situations où beaucoup d'autres
auraient sombré entraînant la ruine entière d'une industrie colossale qui est à l'heure actuelle une des plus
belles gloires de la France.

CHAPITRE III

LES DÉBUTS DE L'INDUSTRIE COTONNIÈRE EN EUROPE ET EN FRANCE. — SON HISTOIRE EN NORMANDIE SOUS LE RÉGIME DES PROHIBITIONS.

—

L'industrie cotonnière en tant que véritable industrie est relativement très récente en Europe. Après la nuit du Moyen-Age, c'est de l'Italie que sortirent les sciences et les diverses industries et d'où elles se diffusèrent en Europe. Ce ne fut cependant pas de ce pays que sortirent les premières manufactures de coton. Dans les documents commerciaux des États chrétiens, du dixième au quatorzième siècle, on ne trouve aucune trace de la fabrication d'étoffes de coton, et il semble qu'elle n'ait été connue qu'à une époque relativement très moderne ; alors que l'industrie des autres textiles, la laine, la soie, le lin formaient la base de la richesse des Flandres, de la Lombardie, de la Toscane, celle du coton était inconnue dans toutes ces provinces.

C'est dans l'Europe musulmanne, dans la péninsule ibérique alors placée sous la domination de Mohamed que nous relevons les premières traces de la culture cotonnière. Abderahman III, qui régna à Cordoue de 912 à 961, fit cultiver en grand cette plante textile, dans les plaines de Valence, et des manufactures furent fondées avec succès à Cordoue, Grenade et Seville. Mais le coton ne servait pas qu'à faire des étoffes ; les Arabes excellaient dans la fabrication du papier. Malheureusement pour l'industrie cotonnière, la brillante civilisation des Maures ne pénétra pas en Europe. Il semble que le Moyen-Age chrétien ne voulut rien devoir aux infidèles ; aussi quand ceux-ci furent chassés d'Espagne la culture du coton et les manufactures qu'elles faisaient vivre s'évanouirent-elles aussitôt.

La première manufacture de coton en Italie remonte au quatorzième siècle ; Carlo Marino Antonio en fait mention dans sa « Storia civile et politica de commercio de Veneziani » et Daru en parle aussi, brièvement dans son histoire de la République de Venise. A vrai dire cette manufacture semble avoir été très peu importante, car les écrivains du temps n'en parlent pas et nous avons de fortes raisons de croire que les tissus fabriqués à cette époque en Italie étaient mélangés de laine ; ceux qui étaient faits entièrement avec du coton devaient venir de la Syrie et de l'Asie-Mineure, pays qui de tout temps avait fourni ces tissus à l'Italie et à la France.

Dans les ouvrages des écrivains anglais de cette époque, dans ceux du poète Chaucer en particulier, il est souvent fait mention d'une étoffe de coton appelée

« fustian » en français « futaine ». Cette étoffe de provenance étrangère, était portée par les gens de qualité et
devait être d'un grand prix. Ce n'est qu'au XVIIe siècle,
que l'industrie du coton se développa dans les autres
pays de l'Europe, et encore était-elle très inférieure à
celles de la laine et de la soie ; cela pour deux raisons :
la rareté de la matière première à cause de l'éloignement des pays de production et de la lenteur des transports, et la difficulté à tisser le coton, dont la fibre est
plus courte et offre moins de résistance à l'effort du métier que la laine ou le fil de ver à soie.

Le développement de l'industrie cotonnière en France
ne commence donc comme en Allemagne et dans les
Flandres qu'à une époque très rapprochée de nous, et
ce n'est qu'au XVIIe siècle qu'on voit introduire dans
notre pays des quantités suffisantes de matière première, pour donner lieu à une industrie. Cependant on
retrouve à une époque bien plus ancienne, dans les
comptes d'octroi et dans les archives des villes de Normandie, plusieurs traces de l'entrée de balles de coton.
Si nous en croyons les archives de la Seine-Inférieure
et de la coutume de Dieppe, c'est avec cette matière
textile qu'on fabriquait des mèches à chandelle, des
gants et des bonnets ; à Dieppe, en 1302, on la tarifait
un denier le cent. En 1524 des lettres-patentes furent
délivrées au nom du roi François Ier à la communauté
des passementiers de Rouen. Elles font mention du
coton comme d'un lainage d'introduction récente et qui

entrait pour une part dans la confection des « futaines
frangées et velues dont le débit était surtout pour les
pays étrangers ». Ces lettres-patentes délivrent en
même temps aux passementiers normands une sorte de
brevet d'invention car elles ajoutent en termes exprès
que cette sorte d'étoffe constituait alors une nouveauté
et que les passementiers de Rouen en étaient les inventeurs, ce qui justifiait le privilège concédé à leur profit.
Dans les archives municipales de Rouen nous retrouvons pour les années 1541 et 1542, la mention de l'entrée de quinze balles et demie de coton venant du Portugal, probablement des anciennes cultures établies par
les Maures, et de douze balles venant par l'Angleterre.
D'après les coutumes de la Vicomté de l'eau de Rouen
le tarif de la carue, en 1567, était de trois deniers par
balle. Mais ce ne sont en somme que des quantités infi-
mes, le coton n'est encore qu'un produit de curiosité
qu'on pourrait comparer à ce qu'était le sucre pendant
le Moyen-Age.

Au XVIIe siècle, nous voyons se produire une extension considérable de l'industrie cotonnière, malgré la
croyance populaire alors invétérée, qu'il était malsain
de porter du linge de coton. En 1628 en importe
220,000 kilogrammes de coton ; en 1750, plus d'un
siècle après, nous passons à 1,875,000 kilogrammes ;
mais en 1789, nous atteignons 10 millions pour dépasser
16 millions en 1804 et 24 millions en 1815. De nos jours
nous sommes au chiffre prodigieux de 180 millions.

Ce développement colossal est dû aux inventions de machines à filer augmentant toujours le rendement, à l'application de la vapeur, du gaz et de l'électricité.

Nous n'avons pas l'intention d'entrer dans le détail des machines très compliquées dont on se sert dans les filatures, mais nous devons, semble-t-il, en traitant ce sujet, passer en revue très brièvement les inventions qui sont les causes les plus importantes du développement de cette industrie.

La première machine qui servit à filer les textiles fut la quenouille. Ce n'est évidemment pas un moyen bien rapide mais le produit qu'il donne est de très bonne qualité. Le fil obtenu ainsi est toujours très bien tordu, de plus on peut obtenir une extrême finesse. On filait encore ainsi, il y a 40 ans, les numéros les plus fins du lin pour la confection des blondes et des dentelles.

Au commencement du XVIIIe siècle, le cardage se faisait encore à la main, le filage au rouet, et le tissage avec un simple métier à main. En 1733, Watt inventa une machine à filer le coton et monta deux fabriques, l'une à Birmingham, l'autre à Southampton, mais sa tentative échoua et il ne reste plus de trace de cette première invention. En 1760 on inventa la boîte à coulisse au moyen de laquelle le tisserand peut se servir alternativement de trois navettes contenant chacune une trame de couleur différente sans prendre la peine de les enlever et de les remplacer dans la châsse. On

ne faisait à cette époque, dans toute l'Angleterre, que
5 millions de cotonnades.

En 1764, un petit fabricant de peignes à tisser, Tho-
mas Highs essaya avec un horloger de la ville de Leigh
de construire une machine à filer le coton. Naturelle-
ment, il fut en butte comme tous les inventeurs à cette
époque aux mauvais procédés et aux moqueries de ses
compatriotes, les uns tisseurs à la main voyant dans
son invention un danger pour leur métier, les autres la
considérant comme l'œuvre d'un pauvre fou. Une première fois, pris de découragement, il brisa son appareil, mais, poursuivi par son idée, il le reconstitua,
nommant la nouvelle machine Jenny du nom de sa fille.
Nous eûmes la spinning-Jenny. (Jeanne la fileuse).

La première jenny n'avait que 6 broches ; Highs en
construisit une qui avait 24 broches, et bientôt, se sur-
passant lui-même, il inventait une nouvelle machine
donnant au fil de coton une consistance et une finesse
encore inconnues: ce fut la « thorstle » ou machine à
cylindre des Anglais, ou la « continue » de nos manufactures françaises.

Malheureusement, Highs ne profita pas de son invention. Il resta dans la misère, et ce fut Arkwight,
barbier de Boltoon-les-Moors, qui, reprenant avec l'horloger de Leigh les travaux de Highs, sut acquérir une
renommée universelle et une fortune considérable.

Avec l'invention de ces premiers appareils, la filature
du coton prit une extension considérable. Cette indus-

trie fut du reste modifiée de fond en comble par l'introduction de la vapeur. En 1790, il y avait déjà 150 fabriques en Angleterre munies des métiers perfectionnés
par Arkwight et mues la plupart par les nouvelles machines à vapeur de Watt. Le chiffre s'en est depuis pro-
digieusement multiplié, puisque l'Angleterre possède
maintenant plus de 45 millions de broches. De nouvelles machines ont été inventées, entre autres le métier
continu à anneau, véritable merveille de mécanique,
qui a fait passer la production d'une broche presque du
simple au double !

Mais revenons à l'industrie française. Nous avons vu
que c'est à la fin du XVIII° siècle qu'elle prend une
certaine importance, et les guerres de l'Empire ne
semblent pas arrêter son essor.

Nous pouvons voir, dans un très curieux rapport sur
l'industrie cotonnière normande qui se trouve dans
l'*Annuaire de la Seine-Inférieure* de 1806, que l'industrie de la fin du XVIII° siècle et du commencement
du XIX° siècle était déjà fort importante par le nombre
des ouvriers qu'elle employait et qu'elle s'efforçait de
lutter avec succès contre la concurrence anglaise. Voici
le passage le plus intéressant de ce rapport :

« Le coton se file à la main ou à la mécanique. Un
« calcul fait en 1790 et *qui n'est pas exagéré* portait
« à 189,497 le nombre des fileuses de coton employées
« à entretenir les manufactures du département. Ce
« nombre n'est plus le même aujourd'hui, il est vrai,

« mais aussi, depuis quelques années, nous avons sin-
« gulièrement étendu l'usage des jenny-mulls, des
« métiers à broches, des métiers d'Arkwight, des
« grands systèmes de filature mus soit par l'eau, soit
« par la pompe à feu, soit à l'aide des chevaux. Les
« filoirs de M. Pouchet, dont nous avons déjà parlé
« ailleurs, occupent aussi un grand nombre de bras
« dans les hospices, les maisons de réclusion et dans
« une foule d'établissements considérables (1). *L'at-*
« *tention y est ici tellement tournée vers le perfec-*
« *tionnement de cette branche d'industrie que, sous*
« *peu, nous n'avons plus à craindre la concurrence*
« *de nos voisins.* Il y a à Lillebonne une filature qui
« occupe habituellement plus de 300 ouvriers. Elle
« est à système continu. D'autres sont en activité à
« Yvetot et y sont mues par des chevaux à défaut de
« moteur fourni par la nature. On distingue entre ces

(1) En 1806, il existait en effet un atelier de filature parmi les ateliers de travail de la maison de détention, de correction et dépôt de
mendicité du département, située à Rouen. On comptait dans les sal-
les des hommes 40 métiers en activité, tant à fabriquer le nankin
qu'à faire de la toile fil et coton, dite rouennerie. Aux rouets à filer.
on avait substitué les jenny-mulls et les filatures continues.

Il existait alors dans ces ateliers de filature :

6 cardes ;
26 laminoirs ;
2 mull-jenny, ensemble   120 broches ;
28 jenny-simples,   —   1,664   —   ;
69 métiers continus —   2,224   —   ;
10 dévidoirs :
10 boudinoirs.

« établissements ceux de MM. Millet-Lafosse, Lenoir-
« Broux et Barthelemy-Lefebvre. M. Amable Duchesne
« en forme aussi un qui ne le cèdera pas aux précé-
« dents. En applaudissant à l'active industrie de ces
« hommes ingénieux, on ne peut s'empêcher de re-
« gretter qu'ils n'aient pas donné la préférence au
« bœuf sur le cheval, dans la nécessité de recourir à
« un moteur animé et l'impossibilité d'employer les
« bras de l'homme. — Une filature de jenny-mulls est
« élevée à Deville par les soins de M. Rawle et n'a pas
« encore de rivales. »

Nous n'avons pas reculé devant cette longue citation,
car tout nous semble instructif dans ce passage de l'annuaire de 1806, depuis la statistique des fileuses en
1790 jusqu'à cette discussion de savoir lequel valait
mieux du cheval ou du bœuf comme force motrice à défaut de pompe à feu. Ce mot de pompe à feu nous fait
sourire quand nous avons sous nos yeux les puissantes
machines si compliquées de la mécanique actuelle.
Que de progrès en moins d'un siècle!

A partir de 1815, la filature commence à prendre
une véritable importance. Le pays entre dans une période de tranquilité qu'il n'avait pas connue depuis
longtemps. Les fabriques de cotonnades qui s'étaient
montées en Normandie pour faire face à la concurrence
anglaise, ou plutôt à cause du manque de marchandises anglaises, se multiplient très rapidement. Au point
de vue de notre industrie nationale, les guerres de

l'Empire ont eu, malgré la fatigue qu'elles produisirent dans le pays, une influence souvent excellente, parce qu'elles ont fait éclore par nécessité des industries jusque-là apanages exclusifs de l'Angleterre, ou même des industries absolument nouvelles par l'emploi de succédanés ou de produits jusqu'alors inconnus. Je ne citerai ici que l'industrie du sucre de betterave et celle de la soude qui furent de véritables « créations » au sens absolu du mot, mais d'autres industrie, comme celles du papier et du coton, reçurent une impulsion considérable. D'un autre côté, pendant les guerres, la main-d'œuvre était difficile à trouver et par conséquent très chère. Tous les bras valides étaient aux armées. Une fois la paix signée, les soldats laissèrent la caserne pour la manufacture. Il y eut pléthore de travailleurs, et l'offre intense de travail se trouvant combinée avec l'offre des capitaux, que la tranquilité revenue rendait moins craintifs, l'industrie trouva réunie les deux conditions essentielles de sa prospérité : abondance de capitaux, et main-d'œuvre à bon marché !

Examinons quel avait été le régime douanier sous lequel avait grandi la nouvelle industrie. Nous allons voir que c'est sous un régime de protection intense allant jusqu'à la prohibition absolue des produits étrangers.

C'est par un décret des 30-31 octobre 1870, converti en loi le 5 novembre, que l'Assemblée Constituante ordonna l'abolition des traites à l'intérieur. Un second

décret du 1er décembre décida l'adoption d'un nouveau
tarif pour les produits de l'extérieur. A cette époque,
comme à l'heure actuelle, l'Assemblée était partagée
en deux camps, celui qui représentait les industriels et
qui demandait une protection efficace, et l'autre qui,
voyant la question sous un autre angle, défendait la
liberté du commerce. Après deux délibérations, ce fut
le principe de la protection qui domina, mais les divergences entre les deux partis n'étaient guère que
spéculatives, car en 1791, on dissertait plus qu'on
n'observait. On s'arrêta, pour la plupart des produits
industriels, à un droit de 10 0/0 à 12 0/0 qu'on regar-
dait comme parfaitement suffisant, et on ne frappa de
prohibition que certains produits de peu d'importance
commerciale, surtout, semble-t-il, pour sauvegarder des
intérêts particuliers. En réalité, ce tarif n'était guère
qu'un tarif fiscal, et en 1860 Bastiat l'eut considéré
comme le triomphe complet de ses doctrines ; les basins,
piqués et velours de coton furent frappés d'un droit
de 1 fr. 50 par livre, la bonnetterie de coton de 1 fr. 40,
les mousselines de 3 ou 4 francs suivant qu'elles étaient
brodées ou non brodées, les cotons filés, teints ou non
teints de 2 fr. 25. Les matières premières étaient exemp-
tes de droit. Ce tarif de 1791 fut vivement attaqué par
les industriels, mais l'Assemblée nationale se refusa à
remanier son œuvre. Le 15 août 1793, la Convention
interdisait, sous peine de dix ans de fers, la sortie des
filés et étoffes de coton, puis voyant qu'elle ne parve-

nait pas à retenir ces produits par des prohibitions de
sortie, elle voulut, au contraire, en favoriser l'importation. Les droits du tarif de 1791 furent abaissés de
moitié, puis relevés bientôt après par le Directoire, en
1796. La loi du 8 floréal an XI (28 avril 1803) fut
surtout votée pour des raisons fiscales. Les marchandises anglaises étaient et restaient prohibées, et on
élevait à 800 francs par 100 kilogrammes la taxe des
toile de coton blanches brochées, brodées ou rayées
autres que de provenance anglaise. Mais à cette prohibition de leurs produits, les Anglais avaient répondu
en organisant une contrebande effrenée ; leurs étoffes
entraient difficilement mais presque en franchise, et
faisaient une concurrence terrible à nos industriels.
Ceux-ci, en conséquence, demandaient avec la plus vive
insistance une surveillance plus rigoureuse de nos
côtes, et la prohibition générale et absolue de toutes les
cotonnades étrangères. La Chambre de commerce de
Rouen écrivait en 1802 à propos des tissus anglais :
« Nous reconnaissons la supériorité de la fabrication
anglaise pour les tissus de coton fin, mais cet avantage
ne s'étend pas aux toiles de coton communes, aux
toiles de fil et coton et aux mouchoirs, siamoises et
toiles de coton rouge des Indes, dont la fabrication est
très considérable et pour laquelle nous ne craignons
aucune concurrence. » Malgré cet aveu d'une supériorité indiscutable, la Chambre conclut en demandant
une prohibition absolue des importations étrangères.

A vrai dire, une telle conclusion paraît assez peu logique.

Néanmoins, la loi du 30 avril 1806 lui donna satisfaction en prononçant la prohibition à l'égard des mousselines des toiles de coton blanches et peintes, des toiles de fil et coton, des couvertures de coton et des cotons filés pour mèche, de quelque provenance que fussent ces produits. Les cotons filés autres que pour mèches furent frappés, sans distinction de finesse, à 700 francs par 100 kilogrammes. Le *Moniteur* du 27 avril 1806 dit à ce sujet : « L'Empereur n'a pas cru que le moment de défendre l'entrée des cotons filés fut arrivé, parce qu'il est constant que nos filatures ne peuvent fournir des numéros assez fins pour la fabrique des mousselines. » Les cotons en laine admis jusque là en franchise ou avec de très faibles droits furent taxés à 60 francs par quintal. Ce droit, disait le *Moniteur* de la même date, est sans inconvénients réels pour le fabricant, puisqu'il n'a plus à craindre la concurrence des tissus étrangers et il sera peu sensible pour le consommateur parce qu'il n'augmentera que dans une très faible proportion le prix de la toile. Cependant on semblait en redouter les conséquences pour nos exportations, car l'article 25 de la loi accorda une prime de 50 francs pour 100 kilos de tissus fabriqués avec du coton ayant acquitté la taxe de 60 francs.

Il semble que l'industrie cotonnière fut près d'être sacrifiée par le Gouvernement. Toujours préoccupé d'at-

teindre la Grande Bretagne, Napoléon voulut faire avec
le coton ce qu'il avait fait avec la canne à sucre. Pour
nuire à la marine marchande anglaise qui avait presque le monopole du transport de ce textile, il pensa à
substituer le lin, produit indigène, au coton, produit
exotique, et il offrit un prix de un million à quiconque
inventerait un procédé de filature mécanique applicable
au lin. Les taxes des cotons en laine furent remaniées.
Le 5 août 1810, il imposa les cotons du Levant à
400 francs par 100 kilos, ceux des États-Unis à 600 fr.,
ceux du Brésil à 800 francs, avec cette restriction que
la taxe serait réduite à 200 francs si les importations
s'opéraient par les bords du Rhin. Il semble que ces
droits fantastiques eussent dû arrêter toute industrie.
Il n'en fut rien. Les importations augmentèrent et nos
industriels développèrent considérablement leurs usines
aidés à la fin des guerres par l'abondance de la main-
d'œuvre et des capitaux.

Par un ordre du 23 avril 1814, le comte d'Artois,
lieutenant-général du royaume, remplaça d'un seul
coup par un simple droit de statistique les taxes prohi-
bitives qui grèvaient les cotons en laine. Il croyait s'attirer la reconnaissance des industriels, mais comme dans
toutes les questions douanières, il y eut conflit d'intérêts opposés. Les industriels qui n'avaient pas de stock
trouvaient la mesure avantageuse, mais ceux qui avaient
accumulé chez eux du coton en laine ou des tissus, faisaient une perte considérable, leurs marchandises se

trouvant subitement dépréciées. Les fabricants pétition-
nèrent à la Chambre des Députés. Ils demandaient à
titre d'indemnité une somme de 30 millions, et réclamaient le maintien des prohibitions. Au fond, ils ne
comptaient pas sur un dédommagement pécuniaire, mais
ils pensaient entraîner la Chambre à ne pas voter la
levée des prohibitions. La Chambre de Rouen avait
écrit, dès le 27 mai 1814, au roi Louis XVIII une longue lettre où elle ne craignait pas de faire la déclaration
suivante : « La prohibition *est de droit politique et
social*. Depuis le fabricant qui a employé tous ses
moyens pécuniaires à former un établissement, jusqu'à
l'ouvrier qui y trouve un moyen d'existence pour lui et
sa famille, tous réclament et avec raison sans doute, le
droit de fournir exclusivement à la consommation du
pays qu'ils habitent. » Devant ces manifestations, le
baron Louis, ministre des Finances, abandonna son
idée de toucher à la question des prohibitions, tout au
moins pour un certain temps.

Louis XVIII, avant les Cent Jours, avait ordonné de
préparer une refonte générale de nos tarifs de douane.
Cette refonte fut l'objet de la loi du 28 avril 1816.

M. de Saint-Cricq retrouvait alors les mêmes résis-
tances qu'en 1814. Tout en les déplorant, il reconnais-
sait qu'il n'osait aller à l'encontre des vœux unanimes
des manufactures, mais comme il fallait absolument
améliorer le revenu des douanes appauvri par les prohibitions, il proposait d'imposer suivant leur prove-

nance les cotons en laine qui depuis 1814 n'étaient plus
soumis qu'à un droit de balance. Il fixait les droits sur
les cotons des États-Unis à 40 ou 55 francs suivant que
le navire qui les avaient apportés, était français ou
étranger. Le comte Beugnot, MM. de Brigode et Magnoz-
Grandprez combattirent vivement cette proposition. Ils
allèrent même jusqu'à proposer le retrait de la prohibition des tissus, en compensation de la franchise du coton en laine. M. de Saint-Cricq accepta cette franchise,
et proposa de déclarer les tissus étrangers admissibles
moyennant un droit de 15 à 18 0/0. Mais la Chambre
n'était pas disposée à entrer dans cette voie. Elle accepta, comme le Trésor avait un impérieux besoin d'argent
le premier projet du ministre et pour empêcher le droit
d'entrée, de nuire à notre exportation, on décida de
payer une prime de 50 francs par 100 kilos de tissus
exportés.

En 1826 la question du coton provoqua une vive discussion à la suite d'un amendement de M. de Saint-
Chamans à propos de la loi sur les tissus de lin. L'industrie linière était alors en décadence bien moins à
cause de la concurrence étrangère que parce que les
ouvriers la délaissaient pour aller travailler dans les filatures ou les tissages de coton. M. de Saint-Chamans
proposait d'attaquer le mal dans sa source. Il proposait
d'arrêter l'essor des manufactures de coton et pour cela
de frapper le coton « longue soie » d'un droit de 150 fr.
et le « courte soie » d'un droit de 100 fr. C'était faire

intervenir les douanes non plus seulement dans les rapports de notre industrie avec l'industrie étrangère, mais encore dans les rapports des diverses branches de notre industrie nationale. C'était vouloir, en l'espèce, détruire un immense élément de prospérité et d'activité économique, c'était oublier que nous nous exportions à cette époque déjà pour plus de 40 millions de cotonnades. La Chambre rejeta l'amendement à une très grosse majorité.

La Révolution de 1830 avait amené au Gouvernement comme ministre du Commerce, un homme éminent, M. Duchatel, qui s'était toujours fait remarquer par ses discours contre les droits protecteurs. Il fit à la Chambre, en 1832, une proposition d'enlever la prohibition des cotons filés des n° 180 et au desssus, puis en 1834 une proposition semblable mais il allait jusqu'aux numéros 143. Ces deux projets restèrent dans les cartons des commissions et ne vinrent pas à discussion. M. Thiers était du reste, sur ces entrefaites, passé au ministère du Commerce, et il paraissait bien moins que son prédécesseur s'élever contre les prohibitions, tout au moins contre celles qui protégeaient l'industrie. Ce fut seulement quand il eut repris possession du ministère que M. Duchatel chargea le Conseil supérieur du commerce de procéder à une enquête industrielle dans le but de constater si les prohibitions des tissus étrangers de laine et de coton devaient être conservées. L'avis des manufacturiers normands fut unanime. Leurs protestations se

firent remarquer par leur vigueur et leur âpreté. Les
Rouennais dans leur réponse allèrent jusqu'à menacer
le Gouvernement d'un soulèvement des ouvriers entraîné
par l'abaissement des salaires nécessités par le nouveau
régime. Ils accusaient les partisans du libre échange
de chercher à jeter le trouble dans le travail d'une
grande ville ouvrière pour s'en faire une arme contre
la Monarchie de Juillet. Ils allaient jusqu'à accuser le
Gouvernement de vouloir vendre l'industrie française à
l'Angleterre, dont il cherchait à s'attirer les sympathies.

Ces déclarations intéressés n'avaient pas convaincu
M. Duchatel, mais en Conseil des Ministres, des divergences s'élevèrent. Beaucoup parurent prendre au sérieux ces menaces de soulèvement des ouvriers et de
désaffection à la Monarchie. Le ministre dut céder et
renoncer aux mesures qu'il avait projetées.

En 1836, le terrain sembla devenir plus favorable
pour les partisans des réformes. La Commission des
douanes n'avait pas une majorité protectionniste; c'était
la première fois depuis le commencement de notre histoire parlementaire. M. Duchatel en profita pour faire
lever la prohibition des filés des numéros 143 et au-dessus (1). Mais ce fut tout ce qu'il put obtenir, la Chambre s'opposant résolument à aller plus loin dans les
réformes. Tous les autres fils restaient prohibés ainsi

_____

(1) Les filés écrus au-dessus du n° 142 furent taxés à 8 fr. 40 et
9 fr. 60 le kilo, suivant qu'ils étaient simples ou retors.

que les cotonnades de toute sorte à l'exception des nan-
kins, des dentelles fabriquées à la main et au fuseau et
des tulles avec application d'ouvrages en dentelles
de fil.

Ici se termine l'histoire du régime prohibitionniste
en ce qui concerne l'industrie cotonnière. La Constituante de 1848 s'occupa peu de réformes douanières et
elle délaissa complètement la question du coton. Tout
resta en état jusqu'aux traités de 1860, que l'Empereur
après de longues luttes avec les Chambres et l'opinion
finit par imposer aux pays.

En somme le régime dont nous venons d'étudier l'histoire est celui qu'avait préconisé Colbert pour l'établissement des nouvelles industries en France. Entrée en
franchise ou à peu près de la matière première ; protection très énergique allant jusqu'à la prohibition pour
les produits fabriqués : encouragement à l'exportation
par le jeu des drawbacks et des primes à l'exportation.
Les résultats d'un tel système ne s'étaient pas fait atten-
dre. Nous avons vu que l'industrie à la fin des guerres
de l'Empire était dans un état très florissant. Quelques
chiffres vont nous montrer ce qu'elle était devenue rapidement, et quels progrès constants elle avait fait pendant toute cette période. Ces chiffres nous les empruntons aux statistiques du commerce spécial, c'est dire
qu'ils représentent des quantités de matières premières
restées en France pour être travaillées dans nos usines.

En 1803, les importations de coton et laine s'élèvent à
16,000 kilos, ce qui correspond à environ 150,000 balles.

En 1815, c'est-à-dire à la fin des guerres, nous trouvons 23,000,000 de kilos.

De 1827 à 1836 la moyenne s'élève à 33,566,066 kilos et de 1837 à 1846 à 76,320,768 kilos. C'est une progression du simple au double.

En 1859 et 1860 le seul port du Hàvre avait importé les quantités de balles suivantes, la balle représentant 100 à 110 kilos :

Années	États-Unis	Brésil	Indes	Autres sortes	Totaux
1859	365 000	2.000	11.000	10.000	388.000
1860	594.000	2.000	27.000	10.000	633.000

Rouen et Dieppe fournissaient aussi des quantités très importantes. Nous avons parlé de poids et de nombre de balles. Voyons quelles valeurs représente ce commerce.

Voici celles que nous fournissent les statistiques officielles pour les quatre dernières années du régime des prohibitions :

COTONS EN LAINE. — IMPORTATIONS.

Commerce spécial.

Années	Le Havre	Rouen	Dieppe	Totaux
	Valeur en francs.	Valeur en francs.	Valeur en francs.	Valeur en francs.
1857	134 075.889	2.398.510	91.386	136.565 783
1858	132.482.539	597.766	11 689	133.091.994
1859	142.488.781	237.294	»	142.726 075
1860	184.008.893	2 238.390	28.431	186.335.714

Ce tableau nous montre, sauf pour l'année 1858 où se produit un léger recul, une augmentation constante de nos importations de matière première. C'est la meilleure preuve de la prospérité de l'industrie.

Le coton en laine que nous importions alimentait nos filatures et comme les filés étrangers étaient prohibés c'était lui qui fournissait exclusivement à nos tissages. De même ceux-ci donnaient la vie à toutes les autres industries qui en dépendent, la teinturerie, le blanchiment, l'impression sur étoffes, etc. C'est l'époque où les manufactures normandes n'avaient pas de rivales en France et on est émerveillé de l'effort accompli et du résultat obtenu en quarante ans dans les belles vallées de la Seine et de l'Andelle.

Citons quelques chiffres pour donner une idée de cet état florissant. Ces chiffres ne se rapportent qu'aux départements de la Seine-Inférieure et de l'Eure. L'importance du Calvados et de l'Orne est à peu près d'un cinquième par rapport à ces départements.

ANNÉE 1859.

Filature.

Nombre de broches : Seine-Inférieure et Eure.. 1.817.328 broches.

Tissage écru.

Seine-Inférieure	46 établissements et	9.780 métiers.
Eure	27 —	2.761 —
TOTAL........	73 établissements et	12.541 métiers.

A ces 73 établissements, on peut ajouter 2 établissements pour bretelles et tissus caoutchoutés avec 447 métiers, et 2 établissements pour rubans de coton avec 480 métiers, ce qui porte le total à 13,468 métiers.

Indiennerie.

L'impression sur étoffes fournit les chiffres suivants :

FABRICANTS	TABLES	MACHINES A ROULEAUX couleurs				PERROTINES couleurs			
		1	2	3	4	1	2	3	4
34	1.093	16	7	19	22	9	8	41	»

Rouennerie.

La rouennerie occupait en 1859 350 fabricants qui faisaient battre 29,398 métiers à bras. Il faut ajouter à ce nombre environ 4,000 métiers dans la Picardie et l'Artois. Ces 4,000 métiers en représentent 8,000, car dans ces deux provinces les tisserands travaillaient toute l'année, tandis qu'en Normandie ils ne tissaient que pendant les six mois où les travaux agricoles étaient interrompus.

Nous pouvons nous rendre compte d'après ces chiffres qu'à l'époque où nous sommes arrivés, l'industrie normande était une industrie très vigoureuse et très fortement organisée.

C'est peut-être cette vigueur même qui a été une des causes des maux qu'elle supportera dans la période qui va suivre.

Beaucoup d'observateurs superficiels l'ont crue tellement forte qu'elle pourrait résister à l'ouverture de notre marché aux produits étrangers, et ont pensé qu'un nouveau régime douanier, en lui ouvrant des débouchés nouveaux, lui donnerait un regain de prospérité. Nous arrivons donc à un tournant de son histoire.

Les prohibitions vont être levées. Les mesures protectrices vont faire place à une liberté presque absolue. Ce sont les conséquences de ces nouvelles mesures douanières que nous allons passer en revue.

CHAPITRE IV

LE RÉGIME DU LIBRE ÉCHANGE. — LE TRAITÉ DE 1860 AVEC L'ANGLETERRE. — LA GUERRE DE SÉCESSION. — EXAMEN DES EFFETS DU NOUVEAU RÉGIME DOUANIER SUR LES DIFFÉRENTES BRANCHES DE L'INDUSTRIE NORMANDE. — LE RÉGIME DE 1881.

—

Depuis 1830, on avait souvent agité la question de la conclusion d'un traité de commerce entre la France et l'Angleterre. Des négociations avaient été ouvertes en 1832 et reprises en 1839. M. Guizot alors ambassadeur à Londres s'en était activement occupé, et il fit savoir à Lord Palmerston que le Gouvernement de Juillet 1830 était disposé à entrer dans l'application de principes libéraux en matière commerciale. Cependant dans une lettre adressée au ministre, il formule certaines réserves qui sont intéressantes car elles nous montrent quels sont les motifs qui mettaient un obstacle à la conclusion d'un tarif conventionnel.

C'était d'abord une disposition malveillante des grands propriétaires du sol contre le Gouvernement établi, et la crainte de voir les amis du Gouvernement, c'est-à-dire les industriels, les maîtres de forges, les négociants, se retourner contre lui si un projet de traité venait menacer leurs intérêts. Il fallait donc, déclarait Guizot, se livrer à des enquêtes minutieuses et à des discussions approfondies, avant d'engager de véritables pourparlers. En réalité la position politique du Gouvernement lui rendait bien difficile l'élaboration d'un nouveau système douanier. Les événements de 1840 coupèrent court à nos négociations avec l'Angleterre.

Elles furent reprises en 1852. Répondant à un mémorandum de Lord Cowley, M. de Persigny alors ministre de l'Intérieur, avait souscrit à des réductions de droits importantes et annoncé la levée prochaine des prohibitions. Le Gouvernement impérial était tout dévoué à la cause libro échangiste. L'Empereur s'était laissé charmer par les déclamations enflammées des économistes. Il mettait dans sa politique économique cette même dose de sentimentalité qui devait entraîner sa politique étrangère. Reconnaissant envers l'Angleterre qui la première l'avait reconnu après le 2 Décembre, hypnotisé par la puissance commerciale de cette puissance libre échangiste, il semble n'avoir eu qu'une idée directrice : lui plaire et l'imiter. Le Corps Législatif était visiblement hostile à un changement de politique commerciale. Nous avons vu que sous les régimes précédents, les efforts des ministres même les plus tenaces et ayant le plus d'influence sur les Chambres, tels que Thiers et M. Duchatel avaient toujours complètement échoué.

G. B. 4

Napoléon III résolut de se passer temporairement du concours du Parlement ; il entama une politique de décrets, qui mettait les députés devant un fait accompli et les forçait à donner leur sanction à des actes qu'ils réprouvaient.

Nous n'avons pas dans cette étude à entrer dans le détail de toutes les mesures qui de 1852 à 1860 transformèrent notre politique douanière et nous amenèrent au régime des traités. Remarquons seulement que parmi ceux qui dans les assemblées élevèrent les objections les plus solides contre cette politique et déployèrent le plus de talent, les représentants des départements normands brillèrent au premier rang. Partout où la cause de la protection de l'industrie est en jeu, à la tribune comme dans les Commissions, à la Chambre comme au Sénat, nous les voyons donner de leurs personnes, conduits au combat, par le grand industriel rouennais Pouyer-Quertier, le champion de l'économie nationale à cette époque, le futur ministre des Finances de l'Assemblée nationale.

Le 16 avril 1856, le Corps Législatif sanctionna un projet de loi sur le tarif des laines, homologuant ainsi des décrets antérieurs, mais la discussion avait été très vive et, votant la loi, il n'avait obéi qu'à des considérations politiques. M. Rouher avait remplacé M. Magne en 1855 au Ministère de l'Agriculture et du Commerce. Il reprenait avec énergie les idées de son prédécesseur et, le 9 juin 1856, il saisissait le Corps Législatif d'un

projet adopté par le Conseil d'Etat sur le rapport de
M. le baron de Butenval pour le retrait des prohibitions.
Dans l'énoncé des motifs, il déclarait que l'Empereur
pensait que le moment était venu de mettre à exécution la partie de son programme de 1851 qui concernait
la levée des prohibitions encore inscrites dans notre
tarif de douanes, et qu'aucune date ne saurait être
mieux choisie pour effacer la trace des luttes économi-
ques antérieures. L'apparition de ce projet de loi causa
une émotion très vive dans les centres industriels. Un
comité central s'était formé à Paris pour s'opposer à
tout changement sérieux de notre législation protectrice. On savait bien que les prohibitions ne pourraient
toujours durer, mais on essayait de prolonger leur
existence. Dans le compte rendu de ce comité du
7 mars 1856, nous trouvons un exposé très net du but
poursuivi. On y recommande une action énergique des
sous-comités locaux.

« C'est à ces comités, dit le rapporteur, de soutenir
les convictions chancelantes, d'inspirer la persévérance
à ceux qui se fatiguent de la lutte, et surtout de *rappeler l'étroite solidarité qui unit les différentes branches du travail national.....* C'est à eux de maintenir
la discipline dans les rangs, de veiller à ce qu'on ne
s'éloigne pas de l'esprit et du but de l'association,
d'employer leurs influences à empêcher des adversaires
ou des amis douteux de pénétrer dans les Chambres de
commerce et dans les Chambres consultatives des arts

et manufactures qui forment la représentation officielle
de l'industrie. »

Aussitôt l'apparition du projet de loi, tous les comités locaux donnèrent avec un ensemble parfait. De tous les côtés, les protestations affluèrent. Tourcoing demandait que le lendemain du baptême du Prince Impérial ne soit pas le premier jour d'une ère de calamités. Roubaix déclarait repousser en masse toute espèce de tarifs et ne pouvoir accepter que le régime de la prohibition absolue, sous peine de voir ses ouvriers réduits à la misère et à la mendicité. Tous les centres normands, Rouen, Elbeuf, Lisieux, Flers, exprimèrent leurs plus vives alarmes. Le comité central publia dès le 11 juin un travail établissant que la proposition du Gouvernement ruinerait plusieurs industries et notamment l'industrie cotonnière. Le Gouvernement répondit en élevant les droits qu'il proposait. Les tissus de coton payeraient 35 0/0, les vêtements 45 0/0, les filés grossiers 1 fr. 20 par kilogramme, et les autres 30 0/0, 40 0/0, 50 0/0 de leur valeur. En réalité, ces droits protecteurs étaient très suffisants, mais pressé par l'opinion publique qu'agitaient tous les comités de défense, le Corps Législatif refusa d'examiner la loi, annonçant son intention de la rejeter sans discussion. Devant ce succès, la résistance augmenta encore : des fabricants menacèrent de fermer leurs usines, les ouvriers s'agitèrent, et le Gouvernement vaincu, dans une note insérée au *Moniteur* du 16 octobre, faisait connaître qu'il retirait sa proposition et qu'il ne la produirait pas avant 1861.

En 1859, le Gouvernement voulut ouvrir une enquête générale précédant la discussion du projet de loi. L'activité du Comité central protectionniste se réveilla aussitôt. Il résolut de repousser l'enquête et de demander l'ajournement indéfini de la levée des prohibitions. Des pétitions adressées au Sénat se couvrirent de signatures. C'était l'époque où l'Empereur allait partir à l'armée d'Italie. L'attitude de l'Allemagne était menaçante. Napoléon III crut plus sage de remettre à plus tard l'exécution d'une grande réforme et, sur son ordre, M. Rouher déclarait que le Gouvernement ajournait l'enquête et, par cela même, la solution de la question de retrait des prohibitions. L'Empereur ne se doutait pas que la paix serait signée deux mois après, sans quoi il n'eut pas cédé aussi facilement.

Cependant la résistance acharnée des protectionnistes, leur activité toujours en éveil au premier bruit d'un simple projet d'enquête, avait montré au Gouvernement que pour réussir, il fallait tout préparer dans le secret le plus absolu, puis mettre le pays devant un fait accompli, ce qui empêcherait toute agitation préventive de se produire. Le Gouvernement ne pouvait pas faire une loi, mais il pouvait conclure un traité de commerce d'après le Sénatus-Consulte de 1852 (1) et le Parlement ne pouvait que s'incliner. C'était la continuation de la

_____

(1) Voici le texte de l'article 3 du Sénatus-Consulte du 26 décembre

politique des décrets. Le moment était du reste opportun pour l'Angleterre. L'extinction proclamée d'une annuité de 2 millions de livres sterlings allait permettre au Parlement de réduire les charges publiques, et de nous accorder des allègements de taxes de douanes, en échange des avantages que nous allions concéder. Aussi le Gouvernement anglais se montra-t-il très sympathique à l'idée d'un traité de commerce, les bases d'un arrangement furent vite arrêtées et l'Angleterre nous envoya comme négociateur muni de pouvoirs réguliers, Cobden, qui venait de jouer un grand rôle comme chef de la ligue pour la libre entrée des céréales; dans le silence du château de Compiègne, l'Empereur, M. Rouher, M. Baroche chargé de l'intérim des affaires étrangères, et le négociateur anglais se mirent rapidement d'accord sur le futur traité. Tout avait été fait dans le secret le plus absolu. Pour éviter les indiscrétions, les femmes des négociateurs avaient été chargées d'écrire le résultat des délibérations. Aussi la lettre que l'Empereur envoya le 5 janvier 1860 au ministre d'Etat Fould, et qu'il fit publier le 15 janvier dans le *Moniteur*, produisit-elle l'effet d'un coup de foudre dans le ciel serein du protectionnisme endormi par les déclarations de 1859. Il semble que le ressentiment de se sentir ainsi joué fut très profond pour le Comité des industriels. Pouyer-

1852. Il est particulièrement net : « Art. 3. Les traités de commerce faits en vertu de l'article 6 de la constitution ont force de loi pour les modifications de tarif qui y sont stipulées. »

Quertier dans une véhémence déposition qu'il fit dix
ans après devant la commission d'enquête de 1870, en
parle encore comme d'un acte de mauvaise foi impar-
donnable. La Commission, dit-il, sait qu'à cette époque (en 1860), l'industrie se livrait avec une parfaite
confiance au développement de ses usines et de ses travaux et j'étais personnellement confiant dans l'affirma-
tion donnée par le Gouvernement qu'il ne changerait
rien au régime économique existant... Nous fûmes donc
bien surpris par la lettre du 5 janvier 1860... Puis il
montre que les promesses contenues dans cette lettre
ne furent jamais tenues et il insiste pour que les membres de la Commission non présents, veuillent bien lire
le passage sténographié de cette partie de sa déposition. Que contenait la lettre de l'Empereur ? Comme le
dit Pouyer-Quertier, beaucoup de belles promesses !
Avant de développer notre commerce étranger par l'é-
change des produits, il fallait améliorer notre agriculture et affranchir notre industrie de toutes les entraves
intérieures qui la grévaient et la plaçaient dans des conditions d'infériorité. On devait donc exécuter le plus
promptement possible les voies de communication, canaux, routes et chemins de fer et s'efforcer de réduire
les tarifs, en établissant une juste concurrence entre les
transports par eau et les transports par terre. L'encouragement au commerce par la multiplication des moyens
d'échange viendrait alors comme conséquence naturelle
des mesures précédentes. L'abaissement successif de

l'impôt sur les denrées de grande consommation serait donc une nécessité, ainsi que *la substitution de droits protecteurs au système prohibitif qui limiterait nos relations commerciales.*

En réalité, comme nous venons de le voir, cette lettre de l'Empereur avait produit une émotion très vive dans les milieux industriels beaucoup plus parce qu'elle les avait surpris tandis qu'ils étaient dans une quiétude parfaite, que par sa teneur même. Elle prévoyait bien l'abandon des prohibitions, mais elle admettait que cette mesure violente ne devait avoir lieu qu'après de nombreuses réformes de notre organisation économique, qui en auraient atténué la portée. Ces réformes devaient être longues, et pendant le temps qu'on les ferait, les comités sauraient bien encore une fois sauver les prohibitions. Mais le Gouvernement instruit par les expériences précédentes, brusquait son action, et moins de quinze jours après l'impression de la lettre au *Moniteur*, il signait le 23 janvier le traité avec l'Angleterre. Ni les promesses, ni les engagements donnés n'avaient été tenus, on livrait à l'étranger d'un seul coup toute l'industrie française sans lui donner les armes qui lui auraient permis de lutter. En admettant que les conséquences du traité dûssent être excellentes pour nous, il est évident même pour les partisans du libre échange à outrance, que le procédé employé était blâmable, car on jouait avec l'existence de la partie la plus vitale du pays, sans même demander conseil aux inté-

ressés, Est-ce à l'Empereur qu'il faut imputer ce sans-
gêne criminel, cette précipitation coupable ? Les adversaires les plus acharnés du régime ne l'ont jamais
pensé. Dans leurs discours à la tribune, dans leurs dépositions dans les Commissions, les représentants des
départements industriels, Pouyer-Quertier en tête, ont
toujours proclamé que l'Empereur avait voulu réserver
les droits de la France et que les malheurs qui frap-
paient notre industrie devaient retomber sur la tête de
M. Rouher, le ministre du Commerce.

Quelques jours avant que le traité fut signé, Napoléon III s'était informé près des industriels, quels droits
compensateurs étaient nécessaires pour protéger la production nationale. Ces droits d'après les industriels du
coton devait être au moins de 25 0/0 à 30 0/0. Or ces
droits furent respectés et inscrits par l'Empereur dans
le traité ; l'acte primitif qu'il signa contenait ces droits
de 25 à 30 0/0. Mais ces termes du traité ne furent pas
respectés par des ministres qui avait alors la toute
puissance et devant qui tous devaient s'incliner. Le
ministre du Commerce réunit un conseil qu'il appela
Conseil supérieur du commerce. Il était formé de membres choisis uniquement parmi ceux qui pouvaient
faire triompher ses idées personnelles, ce conseil enten-
dit les dépositions des industriels qu'on voulut bien appeler. Un commissaire, M. Ernest Baroche fut nommé
pour étudier la question des matières textiles et l'on arrêta un tarif qui était très inférieur à celui qu'avait ac-

cepté l'Empereur, mais encore supérieur au tarif défi-
nitif. Le ministre trouva ce tarif trop élevé et il passa
outre. Il s'enferma avec trois manufacturiers anglais,
Cobden, Beslay et Mulholland, et arrêta seul, en l'absence des manufacturiers français, les bases du traité
qui fut désormais la loi douanière entre les deux pays.

Aussitôt sa mise en vigueur, la nouvelle convention
produisit une émotion considérable chez tous les industriels. En particulier l'industrie cotonnière se crut perdue à jamais. Elle allait être submergée par la concurrence de l'industrie anglaise qui lui était formidablement
supérieure, et par les moyens colossaux de production
dont elle disposait et par le bas prix de cette production.
Les réclamations les plus vives et, disons-le de suite, les
plus justifiées s'élevèrent de tous côtés. Des ligues
d'industriels se formèrent, les pétitions affluèrent dé-
nonçant une crise intense de l'industrie, crise à laquelle
une circonstance extérieure, la guerre de Sécession, venait donner l'allure d'une calamité publique en jetant une
perturbation inouïe sur le marché des matières premières. L'industrie normande se trouvait attaquée dans
les deux fonctions vitales de toute industrie : l'acquisition de la matière première, le débouché du produit
manufacturé.

La guerre américaine arrêtait l'arrivée du coton en
laine, la concurrence anglaise favorisée par le traité
empêchait la vente des produits français.

Avant d'entamer l'étude des résultats du nouveau

régime, nous allons faire une courte histoire de la crise
produite par la guerre de Sécession et nous nous efforcerons de montrer quelles en ont été les conséquences,
conséquences qu'on a souvent dénaturées dans un but
intéressé.

La guerre de Sécession.

Le coton, comme nous l'avons vu, est originaire de
l'Inde, de la Chine et de tout le bassin de la Méditer-
rannée. Mais ces pays où la culture était primitive et
mal dirigée, n'envoyaient à l'Europe qu'une partie
infime de la quantité nécessaire à la consommation.

En même temps que l'industrie cotonnière grandis-
sait, la culture du cotonnier suivait un développement
parallèle sur les rives du Mississipi. Des méthodes agricoles supérieures, un climat très favorable, des croise-
ments habiles et conduits scientifiquement, avaient
donné naissance à des types nouveaux et excellents,
laissant loin derrière eux les produits des autres contrées. Aussi l'Europe s'approvisionnait-elle presque
uniquement en Amérique. En 1859, les cotons d'Amérique comptaient dans les importations au Havre pour
365,000 balles. En 1860, l'Europe entière consommait
environ 850 millions de kilos de coton, les États-Unis
en fournissaient seuls 716 millions, soit à peu près les
cinq sixièmes. C'était un véritable monopole. Aussi bien
des craintes s'étaient déjà fait entendre sur une telle
situation, d'autant plus que la culture américaine semblait reposer sur l'institution de l'esclavage qui se

trouvait en contradiction flagrante avec les sentiments
religieux et moraux des nations civilisées. On savait
qu'un tel état de choses ne pouvait pas durer, qu'il
s'en suivrait une perturbation terrible dans la production
cotonnière. Cependant quand la guerre éclata, personne
ne crut à un véritable danger. On songeait que la solidarité des intérêts étaient le lien le plus solide qui
attachait entre eux les différentes parties des États-
Unis, que le coton était comme la clef de voûte de leur
richesse et qu'une guerre civile ne pourrait se prolonger, car elle serait trop contraire à l'esprit pratique et
âpre au gain des Américains. Cependant, la lecture du
Moniteur du 5 juin 1861 vint réveiller les inquiétudes
endormies. Il annonçait les proclamations du président
Lincoln, en date des 19 et 27 avril, déclarant le blocus
de tous les ports des États Sécessionnistes.

Cet événement dont les conséquences devaient être
si grandes n'est pas d'abord l'effet qu'on pouvait prévoir. Une hausse se fit, immédiate, mais lente et sans
entrain tant la généralité des acheteurs avait peine à
croire à la durée de la guerre. Cette lourdeur des cours
avait encore une autre cause : le stock énorme de
marchandises fabriquées. Si les États-Unis étaient les
principaux producteurs de la matière première, ils
étaient par contre les plus gros clients des manufactures anglaises. Celles-ci, à cause du blocus, ne pouvaient plus exporter leurs marchandises, et le gros
stock d'objets manufacturés atténuait considérablement

la hausse du coton. Celui-ci était rare, mais on n'en avait pas besoin, puisqu'il y avait encombrement de tissus.

Heureusement pour l'Angleterre et malheureusement pour notre industrie normande, cet encombrement du marché anglais correspondait avec la mise en pratique du nouveau régime douanier pour les marchandises de coton (17 octobre 1861).

Les effets du traité que l'on redoutait de ce côté de la Manche, furent ainsi augmentés d'une façon décon- certante même pour ceux qui les craignaient le plus.

Quelques chiffres nous en donneront une idée. Pen- dant les trois mois de 1861 qui suivirent la mise en vi- gueur du traité, c'est-à-dire en octobre, novembre et décembre, entrèrent par les seuls bureaux de Rouen :

Cotons filés	52.500 kilos.
Tissus écrus.	418.600 —
Tissus blancs	17.000 —
Tissus teints.	8.500 —
Tissus imprimés.	39.400 —
	536.000 kilos.

Le mois de janvier 1862 recevait :

Cotons filés	3.371 kilos.
Tissus écrus.	75.000 —
Tissus blancs	950 —
Tissus teints.	2.500 —
Tissus imprimés.	19.000 —
	100.821 kilos.

Le mois de février :

Cotons filés	8.200	kilos.
Tissus écrus.	61.000	—
Tissus teints et imprimés. .	10.722	—
	79.922	kilos.

Le mois de mars :

Cotons filés	9.000	kilos.
Tissus écrus.	52.500	—
Tissus blancs	20.600	—
Tissus teints et imprimés . .	16.927	—
	99.027	kilos.

Soit pour six mois : 815,870 kilogrammes.

Pour retrouver la matière employée ajoutons 15 0/0 pour représenter les déchets, soit 122,380 kilos, nous arrivons au chiffre énorme de 938,250 kilos.

C'était le vingtième de la consommation normande totale pour six mois, et le dixième pour les genres importés c'est-à-dire pour les comptes 24, 26, 28 et 30.

Sous la poussée de cette invasion générale, les cours s'abaissèrent, et l'importation se ralentit, mais la situation des marchés se trouvait renversée. Les prix en Angleterre s'étaient élevés, en France ils avaient baissé. Comme conséquence de cette situation, la confiance s'éloigna des établissement normands, on crut l'industrie perdue pour le pays et le crédit se resserra à Rouen comme au Hàvre. Les industriels hésitant et manquant de crédit ne voulaient ou ne pouvaient se munir d'un stock considérable en vue d'une disette encore plus grande et le coton vint à manquer dans la plupart des usines.

Pendant ce temps les événements se précipitaient ; la guerre devenait de plus en plus acharnée, une spéculation effrénée en profitait et le coton en mai et juin montait à deux fois et demi sa valeur normale ; en juillet il quadruplait.

Ici vient à l'esprit une objection bien naturelle. Les fabricants, dira-t-on, souffraient beaucoup de cette hausse et de cette disette de matière première, c'est évident, mais n'avaient-il pas la ressource de se faire aider par le consommateur. Somme toute c'est lui qui devait payer une bonne partie si non toute l'augmentation des prix et cela malgré la concurrence anglaise. Celle-ci en effet tendait bien à abaisser les cours mais juste au niveau nécessaire pour entrer, c'est-à-dire à quelques centimes au-dessous des produits français où même à égalité. Si le producteur français avait relevé ses prix, le commerçant étranger l'aurait suivi, y trouvant l'occasion d'un gain plus important. Cette remarque très juste pour la plupart des industries, l'est beaucoup moins pour celle du coton, et pendant la période de crise, nous voyons le consommateur répondre à la cherté excessive de la matière première par une inertie absolue à l'élévation de prix sur les marchandises fabriquées. Ce même phénomène se reproduit — moins

fort il est vrai — à l'heure où nous écrivons ces lignes.
Par suite de mauvaises récoltes en Egypte, et des ma-
nœuvres de la spéculation, certaines sortes de coton
ont énormément monté. Le jumel a subi une hausse
qui a atteint plus de 100 0/0 et cependant les produits
fabriqués n'ont pas suivi cette marche ascendante et
c'est au plus une augmentation de 25 à 30 0/0 que
nous subissons sur les calicots et les rouenneries. C'est
que le tissu de coton est soumis à la loi absolue du bon
marché, c'est le tissu du pauvre. Aussitôt que son prix
en s'élevant tend à égaler celui d'autres textiles, la laine
ou le lin, le consommateur méconnaissant ses qualités
premières au point de vue de l'usage et de l'hygiène
achète de la toile ou des lainages, qu'en temps ordinaire, il considère comme objets de luxe. Et c'est seulement lorsque ces textiles sont entraînés vers la hausse
par un plus grand débouché que le tissu de coton
rentre dans la consommation. D'autre part les commerçants vendant les tissus ou même les vêtements confec-
tionnés ont l'habitude d'avoir de très gros stocks ; il
arrive qu'en bien des endroits une maison possède
500.000 francs de marchandise pour ne faire en une
année que 500.000 mille francs de ventes. Au moment
de la guerre d'Amérique beaucoup de commerçants se
trouvèrent munis de marchandises pour une année et
même plus car bien des articles mis au rebut aux inventaires antérieurs reprenaient une valeur nouvelle et
devaient trouver leur emploi dans la consommation.

D'un autre côté les commissionnaires en rouenneries engagés souvent pour des découverts considérables vis-à-vis de leurs correspondants, devaient faire rentrer leur capital, et insistant auprès de leurs clients sur le danger qu'il y aurait d'acheter des marchandises à un prix trop élevé, réagissaient dans une certaine mesure sur les dispositions de l'acheteur. Ainsi donc toute la filière commerciale tendait à fermer à la fabrique ses débouchés.

Il se produisit alors une débâcle sans exemple et absolument paradoxale puisqu'elle se produisait en pleine disette de matières. La marchandise travaillée descendit au-dessous du prix de la matière brute. Les calicots à Rouen tombèrent de 56-57 cent. à 46-47 cent., près d'un franc de moins par kilogramme que le coton en laine au Havre !

M. Alphonse Cordier nous a peint éloquemment cette situation dans le rapport qu'il fit le 18 mars 1864 au comité central de bienfaisance de la Seine-Inférieure au profit des ouvriers privés de leur travail par la crise :

« Que pouvait, dit-il, le manufacturier quand il voyait
« les prix du produit s'abaisser en raison même de la
« multiplicité des mains-d'œuvre ? Ne voyait-il pas, ne
« sentait-il pas, qu'il était sur une pente irrésistible qui
« l'entraînait fatalement à une ruine où s'engloutiraient
« inutilement sa fortune, son honneur commercial, sur
« lesquels repose l'avenir même de ses ouvriers ?......
« En un mot on en était arrivé à ce terme de la lutte

« où les plus forts, les plus résolus, les plus courageux
« sont forcés de s'avouer vaincus ; où le soldat rend ses
« armes, où le chef est forcé d'abdiquer. Les pompes à
« feu s'arrêtèrent, les machines cessèrent de fonction-
« ner: un silence sombre remplaça la vie active. Triste
« spectacle dont il faut être témoin pour s'en rendre
« compte et pour comprendre combien la résignation
« est pénible au chef d'entreprise ! »

Cette sombre peinture nous montre quelles ruines la
crise avait accumulées, puisque sur 200,000 individus
employés dans les industries diverses du coton, près de
80,000 se trouvaient sans travail.

Nous venons de voir le mal, nous allons examiner
maintenant par quels courageux efforts on est parvenu
à s'en rendre maître et à sauver l'industrie. Celle-ci dut
son salut à deux causes : à l'inépuisable énergie de nos
filateurs normands, à leur esprit de sacrifice, et aussi à
l'admirable mouvement de charité qui souleva toute la
France, et vint adoucir les misères des ouvriers sans
travail.

Nous n'avions filé jusque-là en France que des cotons
d'Amérique. Les cotons des Indes ne figuraient que pour
11,000 balles seulement dans nos importations. C'est
que ces derniers sont beaucoup plus difficiles à filer à
cause du peu de longueur de leurs fibres et des nombreuses impuretés qui les souillent. On vit alors nos
grands établissements normands sacrifier leur ancien
matériel, monter des métiers calqués sur ceux des An-

glais qui, depuis longtemps, employaient les cotons de
leur colonie et filer avec autant de perfection qu'eux,
les cotons indiens ou japonais. Il a fallu faire des prodi-
ges d'adresse et de travail pour arriver à faire avec une
matière inférieure, des filés manquant de solidité — il
est vrai — mais ayant comme beauté et comme brillant
les qualités des filés fabriqués avec les cotons d'Amérique. Malheureusment pour faire une transformation
aussi radicale, il fallait de gros capitaux et les petits
établissements furent obligés de chômer. Ce fut pour
eux une perte considérable, car non seulement ils avaient
à leur charge et les loyers et les intérêts des sommes
engagées dans l'usine, mais il fallait aussi compter avec
la détérioration et la dépréciation du matériel, qui s'a-
bîme très vite quand il ne fonctionne pas. C'est ce qui
explique que sur 233 filatures qui existaient en 1859
nous n'en retrouvons plus que 185 en 1869, mais par
contre que ces 185 filatures de 1869 qui avaient lutté
avec énergie et refait leur matériel avaient 95,000 broches de plus que les 233 usines de 1859.

Nous avons vu comment les industriels, ceux du
moins qui furent assez puissants, parvinrent à vaincre la
crise, mais il y avait une autre catégorie d'individus
qui souffraient, tout aussi intéressants. C'étaient les ouvriers. Ceux-ci ne pouvaient changer de métier, on ne
s'improvise pas ouvrier expérimenté du jour au lendemain. Ne pouvant se tirer d'affaire par eux-mêmes, il
fallut leur venir en aide et on le fit de tous côtés. Un

comité se forma à Rouen sous la présidence de M. Pouyer-Quertier. On organisa partout des souscriptions.
Celles du département produisirent à elles seules plus
de deux millions. L'Empereur, l'Impératrice et le Prince
Impérial s'inscrivirent en tête collectivement pour
40,000 francs, tous les ministres pour 500 francs, la
reine Amélie pour 2,000 francs, le comte de Chambord
pour 5,000 francs, le Pape Pie IX pour 10,000 francs.

Il vint de l'argent des villes les plus éloignées, de Sis-
teron, de Carpentras, de Toulouse, de Bayonne. La
Banque de France, les grands établissements de crédit,
les compagnies de chemins de fer, les compagnies d'assurance, les journaux — le *Moniteur Universel* versa
à lui seul 450,283 francs — tous ceux qui pouvaient
donner s'unirent dans un magnifique élan de charité.
On sentait qu'il y avait là de grandes infortunes immé-
ritées obligeant à de grands sacrifices. La conduite de
l'Empereur fut hautement appréciée en cette circonstance. Voici comment s'exprime à ce sujet le secrétaire
rapporteur du Comité, M. Cordier : « Mais, messieurs,
« notre reconnaissance doit monter plus haut ; c'est à
« Sa Majesté l'Empereur que nous devons la plus large
« part de gratitude, — qu'il nous soit permis d'insister.
« Lors de l'inauguration d'un des principaux boule-
« vards de Paris, le 7 décembre 1862, l'Empereur
« efface le nom de sa mère, la reine Hortense, destiné
« à la nouvelle voie et le remplace par celui d'un an-
« cien ouvrier, le créateur de la grande industrie du

« coton, un des nôtres, un enfant de la Normandie,
« Richard Lenoir... Cette glorification du travail rehaus-
« sée par une si noble et si rare abnégation eût un effet
« puissant ; le courage de nos malheureux ouvriers fut
« raffermi, retrempé ; cette distinction leur disait que
« l'armée de l'industrie avait aussi sa gloire, qu'elle
« était appréciée puisqu'elle avait aussi sa récom-
« pense. »

Mais on ne s'en tint pas à une ample distribution de
secours, on voulut établir des ateliers de travaux pu-
blics où les ouvriers pûssent gagner un salaire suffisant. Le sénateur-préfet, M. Ernest le Roy en organisa
de tous les côtés. On fit travailler aux ouvriers du coton,
les autres textiles, le lin et la laine. L'Impératrice et la
Société du Prince Impérial payèrent les frais d'installation d'un atelier de tissage pour le drap, où les malheureux ouvriers du pays de Caux purent apprendre à
façonner la laine et gagnèrent un fort salaire. De
plus, c'était un important service rendu à l'industrie
d'Elbeuf.

Enfin, à force de persévérance et d'efforts, on vit la
fin de la crise, du moins la fin d'une de ses causes, la
guerre de Sécession. Dès le mois de décembre 1864,
le coton qui valait en juillet 7 fr. 26 le kilo tombait à
4 fr. 84, et bientôt il reprenait son cours normal oscil-
lant entre 2 et 3 francs sans cependant retomber au prix
de 1860 qui était de 1 fr. 68. On pourrait donc s'ima-
giner une reprise rapide de l'industrie. Le coton, pen-

sera-t-on, est revenu à l'usine, l'ouvrier va y rentrer ;
il est bien certain que certaines blessures seront longues à guérir, que bien des petits industriels ne pourront rouvrir leur usine fermée, mais qu'ils seront rapidement remplacés par d'autres, qui auront d'autant
plus de chance de prospérer qu'ils auront acheté à
meilleur compte les usines abandonnées. C'est en effet
ce qui aurait dû se produire si on était resté soumis au
régime protecteur de 1859. Pendant les guerres de
l'Empire, l'industrie avait beaucoup souffert aussi du
manque de matière première ; aussitôt l'abondance revenue, elle avait joui d'une magnifique prospérité.
Après la guerre de Sécession, il n'en devait pas être
ainsi, il restait un germe morbide qui minait lente-
ment l'industrie. Ce germe, c'était le changement de
régime douanier, l'application des nouveaux tarifs dont
nous avons étudié la difficile gestation.

Étude du régime libre échangiste.

Le libre échange a ses partisans et ses adversaires et
nous n'entreprendrons pas de discuter ici les avantages
théoriques de tel ou tel système. Qu'il nous suffise de
dire qu'il semble indiscutable aux yeux des esprits les
plus éclairés en cette matière qu'un grand pays comme
le nôtre ne peut obéir, pour établir son tarif des douanes,
a un système absolu. Il faut faire en économie douanière, un peu ce qu'on appelle en politique pure de
l' « opportunisme » (quoiqu'on attache souvent à ce

mot une signification qu'il n'a pas) ; c'est ce que nous appellerons suivre les lois de l'Economie « *nationale* », c'est-à-dire d'une économie qui sait ne pas se laisser éblouir par une formule despotique, qui analyse et dissèque les différentes parties de la production d'un pays, en cherche les points forts et les points faibles, et applique à telle ou telle branche du travail national le traitement qui lui est bon. Le libre échangiste, ou le protectionniste endurci qui veulent appliquer leur système sans détourner la tête, sont semblables à des médecins qui appliqueraient le même régime à tous leurs malades. Ce qu'il faut chercher, c'est le développement concordant de toutes les forces du pays.

Quand nous aurons besoin pour nos industries de matières premières que nous ne produisons pas, soyons libre échangistes pour cette matière première, — car il faut qu'elle vienne le plus facilement possible vivifier nos usines, mais pour les produits fabriqués avec cette matière,— soyons au contraire très protectionnistes, car nous avons bien des chances de ne pas produire à des prix aussi bas que les pays producteurs de matière première ou que des pays mieux outillés. Or c'est bien là le cas de notre industrie cotonnière. Le coton est le seul textile que notre pays ne produise pas ; le coton en balle devra entrer librement ou à peu près, en n'acquittant qu'un très faible droit fiscal ou de statistique : les matières ouvrées, filés ou étoffes devront être soumises à des droits protecteurs suffisants pour empêcher leur prix de descendre au-dessous de celui de nos produits nationaux.

En fait, ce n'était pas contre les pays producteurs de coton que nous avions à défendre nos industries, en 1860, l'industrie américaine était alors dans l'enfance, et personne ne songeait au Japon! C'était contre notre plus proche voisin, l'Angleterre, qui elle aussi ne produit pas de coton, mais rachète par des avantages immenses que nous étudierons en détail l'éloignement de la matière première et peut produire à si bas prix que les Etats-Unis malgré le double fret de la matière première et du produit fabriqué devaient agir vigoureusement contre elle pour défendre leur industrie. Il semble que le principe d'une sage économie nationale ait été compris par le législateur de l'époque antérieure. Il avait peu grevé la matière première et par contre protégé nos fabrications, et c'est à sa sagesse que l'on devait la prospérité de 1859. Malheureusement l'Empereur et son entourage semblaient hypnotisés par le spectacle de l'Angleterre. Il trouvait notre industrie bien petite, bien faible à côté du colosse du Lancashire ; il était poussé par les admirateurs passionnés et irréfléchis de l'étranger, par les adeptes fanatiques de la fameuse loi des débouchés, qui déclaraient que toute loi protectrice est un vol, une chose contre nature, que c'était justement l'esprit étroitement protectionniste de notre système douanier qui nous rendait si faibles à côté de l'Angleterre libre échangiste. Ils avaient promis à nos

fabricants de nombreuses réformes budgétaires, de forts
dégrèvements, ils avaient fait miroiter à leurs yeux les
avantages d'une fabrication plus intense alimentant les
nouveaux débouchés créés par le tarif conventionnel,
espérant obtenir un semblant d'adhésion aux nouvelles
mesures douanières. Mais ils ne semblaient pas avoir
réussi auprès des intéressés. Ceux-ci se voyant ruinés
continuèrent une agitation qui, si elle ne pouvait remédier à leurs maux, pouvait du moins les abréger. Tous
les trois mois la Chambre de commerce de Rouen faisait
un rapport au sénateur préfet de la Seine-Inférieure.
Celui-ci en envoyait régulièrement copie au ministre
de l'Agriculture, du Commerce et de l'Industrie. C'est
en quelque sorte le procès-verbal de toutes les vicissi-
tudes qui se sont succédées dans le commerce et l'industrie normands. Le traité de commerce passé avec
l'Angleterre devait expirer le 17 octobre 1869, serait-il
dénoncé, serait-il continué ? Tout dépendait d'une dé-
cision du Gouvernement. La question était donc des plus
graves pour les intéressés, aussi s'agitèrent-ils avec une
nouvelle énergie.

La Chambre de commerce de Rouen nomma le 21 janvier une Commission chargée de faire une enquête complète qu'elle exposerait au ministre. M. Alphonse Cordier fut nommé rapporteur de cette Commission et dans
un rapport très documenté, lu et adopté dans la séance
du 19 août 1869, il nous a montré les désastreux résultats de la nouvelle politique économique. L'agitation

contre les tarifs douaniers n'existait pas qu'en Normandie. La Chambre consultative des arts et manufactures
de Roubaix, la Chambre consultative de Tourcoing
avaient aussi montré la situation détestable de leur industrie cotonnière. L'Angleterre de son côté, s'était
préoccupé du renouvellement du traité. Toujours insa-
tiables, ses commerçants trouvaient que la France était
encore trop protégée. Confiants dans la politique anglo-
phile de l'Empereur, ils ne craignaient pas de demander
un abaissement nouveau des tarifs et voici ce que nous
lisions dans le quarante-huitième rapport annuel de la
Chambre de commerce de Manchester, 1ᵉʳ février 1869.

Résolution adoptée à l'unanimité par la Chambre de
commerce de Manchester :

« Que dans l'opinion unanime du Conseil, le traité
« de commerce entre la France et l'Angleterre (mieux
« connu sous le nom de traité français de 1860) qui a
« été mis en pratique depuis plus de neuf années, a été
« très hautement profitable au commerce et à la pros-
« périté des deux nations ; et qu'en vue du développe-
« ment qui doit encore être provoqué, en faveur des
« rapports entre les deux pays, un mémoire doit être
« adressé au Gouvernement de Sa Majesté pour l'invi-
« ter et l'exciter à faire tous ses efforts afin d'obtenir
« une réduction des droits trop élevés qui frappent en-
« core certaines classes de produits manufacturés.

« Une Commission a été immédiatement nommée pour
« rédiger le mémoire et établir la liste concernant la

« production du district (Lancastre) pour lesquels il est
« désirable d'obtenir un abaissement de tarifs. »

Une enquête contradictoire se poursuivait donc des
deux côtés de la Manche, enquêtes toutes spontanées
dont les points de vue différaient avec les intérêts
qu'elles avaient à défendre.

L'enquête, dont M. Cordier fut le rapporteur, était
l'œuvre de la Chambre de commerce de Rouen et le
Gouvernement n'y avait aucune part. Mais elle devait
servir à éclairer la Commission qui conduirait la grande
enquête parlementaire qui devait se réunir pour examiner l'État général de l'industrie en France. Le Gouvernement à la suite d'une interpellation faite en 1868 sur
les effets du régime douanier, n'avait pu résister à la
pression de la Chambre malgré son désir de ne rien
changer au système adopté, et il avait décidé d'envoyer
dans les provinces des représentants qui se rendraient
compte *de visu* de l'état des manufactures. Pour la
Normandie son délégué était M. Ozenne, conseiller
d'État.

Le 29 octobre 1869, une réunion générale des industriels et des commerçants de Normandie eut lieu à
Rouen, dans la grande salle de la Bourse. M. Pouyer-
Quertier en était le président. Y assistaient les membres du tribunal, de la Chambre de commerce, du Conseil des Prud'hommes, une députation ouvrière, les
membres du Comité industriel de Rouen, ainsi que de
nombreux députés au Corps Législatif.

C'était donc une réunion plénière de l'industrie normande. Son but était d'entendre la lecture du rapport de M. Lamer, sur la situation industrielle et commerciale de la Normandie. A vrai dire, les industriels ne semblent pas avoir eu bien confiance dans l'efficacité de cette visite. Ils ne contestaient pas la bonne volonté de M. Ozenne, mais ne croyaient pas beaucoup à la puissance de son intervention. M. Estancelin, député, demanda même si l'enquête n'allait pas être un peu fantaisiste et si le délégué du Gouvernement avait vraiment les pouvoirs suffisants pour prendre des engagements, ce à quoi M. Pouyer-Quertier répondit très diplomatiquement qu'il avait grande confiance dans les lumières et les bonnes dispositions de M. Ozenne pour l'industrie « mais, ajoutait-il, depuis dix ans nous avons eu tant « de déceptions, et d'ailleurs nous connaissons si peu « l'étendue des pouvoirs de M. Ozenne, que c'est devant l'opinion publique et devant les représentants « du pays que nous devons surtout plaider notre « cause ».

Les ouvriers eux aussi n'avaient pas voulu rester inactifs dans cette croisade pour la dénonciation du traité de commerce. Leurs délégués avaient apporté une pétition recouverte de plus de 9,000 signatures demandant l'abolition du régime libre échangiste, déclarant qu'en la matière leurs intérêts étaient les mêmes que ceux des patrons et priant le Comité de leur donner les moyens de remettre leur pétition à M. Ozenne lors de son passage à Rouen. Cette pétition était accompagnée d'une lettre à l'Empereur.

Pouyer-Quertier, après avoir remercié les ouvriers de leur initiative, fit un rapide exposé de la situation. Il affirma la scrupuleuse exactitude du rapport de M. Lamer et demanda la permission d'ajouter quelques observations personnelles.

Ces observations il les présenta sous la forme d'un magnifique discours qu'il faudrait citer en entier car jamais peinture plus saisissante ne fut faite de notre malheureuse industrie.

L'expérience depuis dix années du régime des traités était maintenant faite : c'était un désastre ! Lors de la signature des traités le Gouvernement avait fait entrevoir les résultats les plus magnifiques, les plus riantes perspectives, promesses mensongères faites par des gens qui apprennent « les théories dans les livres au « coin de la cheminée, et dont les études industrielles « se bornent à quelques rapides visites au Conserva- « toire des Arts et Métiers ». Dans le pays de Caux, la fabrique de rouennerie occupait 14,000 ouvriers de moins qu'en 1859 et pour ceux qui travaillaient encore les heures de travail étaient réduites, les salaires diminués d'environ 10 0/0. Puis il s'élève vivement contre les Pontifes du pouvoir, qui n'ont pour toute réponse que le grand mot de « liberté du commerce ». « Cette prétendue liberté du commerce qu'on invoque, « crie-t-il, est une fausse liberté. C'est un acte d'abso-

« tatisme imposé au pays sans qu'on l'ait consulté.
« Qu'on supprime les prohibitions, oui ; mais qu'on
« établisse des droits suffisamment protecteurs....

« Nous n'aurions pas la liberté commerciale, parce-
« que les manufacturés d'Angleterre seraient soumis à
« l'impôt ! Mais les droits d'octroi empêchent-ils la li-
« berté commerciale entre les villes et la campagne parce
« qu'on les perçoit aux barrières ? Si l'impôt supprime la
« liberté il n'y a de liberté nulle part... Tout le monde
« paie l'impôt et seuls les producteurs étrangers en se-
« raient affranchis, au nom de la liberté commerciale !
« Mais cette liberté ne serait que la plus flagrante des
« injustices.

« *On nous a dit que la guerre d'Amérique avait*
« *fait tout le mal. Il est vrai qu'elle a jeté le trou-*
« *ble dans nos affaires. Mais cette guerre a cessé de-*
« *puis bon nombre d'années ; est-ce elle qui nous*
« *persécute encore aujourd'hui ? On ne se donnera*
« *pas le ridicule d'oser avancer une pareille énor-*
« *mité.* »

Il fait ainsi réponse aux partisans des traités qui
étaient bien obligés de se rendre à l'évidence des faits
et d'avouer la situation précaire de l'industrie normande,
mais qui rejetaient tout le mal sur la guerre de Sécession ;
celle-ci avait secoué terriblement notre industrie, mais
une fois terminée elle n'aurait pas laissé de traces sans
le nouveau régime douanier.

Puis M. Pouyer-Quertier cite des chiffres : En 1860

il y avait 1,817,000 broches, en 1869, 1,920,000.
L'augmention de la statistique officielle n'était qu'un
trompe-l'œil. On avait imposé, en effet, les broches des
bancs à broches qui ne sont que des machines de préparation, qui ne filent pas le coton ; le nombre de broches était donc resté sensiblement le même. Dans le tissage les résultats étaient identiques. Dans les indiennes
12 établissements d'impression avaient disparu. Leur
matériel ne pouvait même pas être vendu et il ne restait plus qu'à raser ces établissements pour en faire des
prairies.

Et les promesses gouvernementales qu'étaient-elles
devenues ? Nos canaux devaient être rachetés, nos chemins de fer devraient modifier leurs tarifs. Aucune pro-
messe n'avait été tenue, « une des plus belles pers-
« pectives qu'on nous faisait voir, dit-il, était l'expor-
« tation de nos produits et la richesse de l'agriculture.
« Or, je ne crois pas que l'agriculture plus que nous-
« mêmes soit prête à demander le maintien du régime
« actuel. Là non plus, la compensation n'a pas existé ;
« on a degrevé, je le répète les choses qui pouvaient le
« mieux supporter l'impôt. Personne ne se plaignait de
« payer à l'État 25 centimes environ par kilogramme
« de coton ; le consommateur payait, oui : mais·il avait
« du travail et il payait sur les objets qu'il consomme
« en petite quantité. C'est qu'il y a là-haut des influences
« néfastes qui arrètent la lumière au passage. Il y a cette
« association, comment dirais-je ! Oui je dirai ma pen-

« sée et je l'appellerai Saint-Simonienne. Cette asso-
« ciation a été l'ennemie acharnée de l'industrie ; mais
« pendant qu'elle nous ruinait, elle se ménageait toutes
« les bonnes places du pays. Il faut lutter contre cette
« résistance. C'est le devoir des représentants du pays
« de la combattre et de la vaincre. » On voit par ces
paroles enflammées que nous sommes bien loin d'un
discours académique prononcé devant des théoriciens.
La situation était pressante. C'était une affaire de vie
et de mort pour tous les braves gens, industriels et
ouvriers, qui écoutaient Pouyer-Quertier prêchant la
guerre sainte : il avait l'enthousiasme d'un chef d'armée
qui entraîne ses soldats. Ce qu'il voulait, en effet, c'est
enlever les votes des nombreux députés présents. Ceux-
ci répondirent à son appel : beaucoup déclarèrent qu'il
fallait laisser de côté les divergences politiques et que
tous les députés de grands centres industriels devaient
faire leur devoir et demander la dénonciation des traités
la modification des tarifs et l'allégement des charges.
M. Estancelin, député du Calvados, fut particulièrement
net et incisif dans sa déclaration. Il fit allusion à la
manière assez mystérieuse avec laquelle le traité avait
été préparé. Nous avons vu que pour que le secret fût
mieux gardé, les projets préliminaires en avaient été
écrits et conservés par les femmes des ambassadeurs des
deux puissances. « Nous défendons la classe ouvrière,
dit-il, nous ne séparons pas la tête qui dirige de la main
qui exécute. La France ne peut rester sous le coup de

traités éclos en une nuit, traités dont les clauses les plus secrètes, comme ces charades que l'on prépare dans les salons, ont été copiées par la main des femmes, tandis que le chef de la maison et l'industriel pâlissaient sur leurs livres et, y voyaient à la fois la ruine de leurs familles et de leurs ouvriers. Il est temps que cette comédie finisse. Ce ne sont point des traités commerciaux qui ont été faits, ce sont des traités politiques sous une forme commerciale. Pour des causes politiques on a livré la France à l'Angleterre. Les traités de commerce, il faut les défaire. *Il faut qu'on les discute* et *qu'on les vote.* »

L'Assemblée décida d'établir un comité permanent qui ne cesserait d'agir que lorsque gain de cause serait donné à l'industrie. Puis on approuva une proposition de M. Quesné ayant pour but d'instituer à Paris un Comité général de toute l'industrie de la France, et on mit aux voix les conclusions du rapporteur :

1° La dénonciation du traité avec l'Angleterre avant le 4 février 1870 ;

2° La dénonciation successive des traités conclus avec les autres pays.

Ces deux propositions furent adoptées à l'unanimité.

Le rapport de M. Lamer, dont la lecture avait été la cause de cette réunion est très intéressant. C'est la peinture fidèle de l'état douloureux de l'industrie cotonnière de la Normandie. Il résume les rapports des sous-comités nommés à cet effet par la Chambre de commerce

G. B. 6

de Rouen. Ces sous-comités étaient formés d'industriels
des diverses branches de l'industrie, la filature, le tissage, les toiles peintes, la rouennerie, et aussi de toutes
celles qui pivotent autour de ces immenses éléments
manufacturiers, la teinture, les produits chimiques, la
construction des machines, la fabrication des cartes, le
commerce proprement dit et enfin le trafic maritime
lui-même. Toutes ces industries s'étaient réunies pour
examiner « franchement, loyalement, sans rien exagé-
rer, quelle était leur situation », pour rechercher quelle
influence avait pu avoir sur elles les traités de commerce,
pour comparer enfin ce qu'elles étaient en 1860 et ce
qu'elles étaient à l'époque où nous sommes arrivés, en
1869. Dix rapports avaient été fournis ; ils étaient unanimes sur le même point : toutes les industries normandes marchaient à la ruine et beaucoup touchaient à leur
perte, toutes réclamaient de nouveaux tarifs douaniers ;
elles ne demandaient pas à être protégées, dans le sens
de revenir aux anciennes prohibitions ; elles suppliaient
le Gouvernement de leur accorder des droits compensateurs, pour balancer les charges qui pesaient sur
l'industrie en France et rendaient toute lutte impossible.

On accusait dans les milieux libre-échangistes, inquiets
de la puissance de l'agitation normande, les départements industriels de vouloir, dans une réaction sauvage,
revenir aux tarifs étroitement prohibitionnistes des siècles passés. Certains journaux parlèrent « de l'agitation

prohibitionniste de quelques départements du Nord et de l'Ouest ». Ces rapports s'élèvent contre cette accusation ; ils insistent tous sur ce fait qu'ils ne demandent pas, comme on les en accuse, le plus pour avoir le moins, mais qu'au contraire leurs demandes modérées visent à obtenir une protection suffisante pour permettre à l'industrie de ne pas disparaître de la Normandie et entraîner avec elle une grosse part de la prospérité de la France.

Nous allons étudier ces rapports et passer en revue les diverses branches de l'industrie, insistant sur les plus importantes et passant rapidement sur celles qui ne touchent que par quelques-uns de leurs côtés à l'industrie cotonnière. Ce sera la façon la plus intéressante de passer en revue toute l'industrie cotonnière normande et aussi la plus instructive car elle nous montrera, par une peinture exacte, par des chiffres pris aux sources les plus sûres, par des faits empruntés aux enquêtes les plus consciencieuses qu'on aie faites, avec quelle rapidité — moins de dix années — l'application mal entendue et fanatique d'une doctrine économique peut transformer le solide édifice d'une industrie prospère et vigoureuse en une ruine branlante, en un vaisseau qui fait eau de tous côtés et qui menace de couler.

Filature.

1° *La filature.* — En 1859, la filature de coton en Normandie comptait environ 2,000,000 de broches et dans le département de la Seine-Inférieure seul, où l'industrie cotonnière avait pris le plus grand développement, il y avait 233 filatures en activité; en 1869, après neuf années de nouveau régime, il n'y avait plus que 18 filatures qui fonctionnaient parmi lesquelles 10 établissements créés pendant cette période. 58 des établissements existant en 1860, c'est-à-dire plus de 25 0/0 étaient donc complétement arrêtés, et probablement ne pourraient jamais remarcher, car leur matériel, faute d'acquéreurs, avait été dispersé et disséminé chez les brocanteurs. Les chutes d'eaux restaient elles-mêmes inutilisées et improductives. Nous ne parlons ici que des filatures disparues, qui représentaient une perte sèche pour l'industrie. Mais combien de celles qui fonctionnaient ne le faisaient que grâce à des artifices financiers, à des sacrifices cachés. 23 filatures avaient été mises en adjudication et vendues à l'amiable c'était donc encore 10 0/0 à ajouter aux 25 0/0, soit 35 0/0. C'était plus du tiers des établissements qui avait succombé entraînant la ruine de leurs propriétaires et de leurs ouvriers.

Les partisans des traités citent toujours l'augmentation du nombre des broches, qui avait passé durant cette période de 2,000,000 à 2,095,000. Mais nous l'avons dit, cette augmentation venait uniquement de ce que le fisc interprétant la loi d'une façon défavorable à l'industrie, avait frappé les machines de préparation.

Devant toutes ces ruines, les capitaux s'étaient cachés, les immeubles industriels avaient subi une dépréciation intense. Voici quelques chiffres de vente d'établissements et à côté leur prix de revient :

		PRIX	
		de vente	de revient
Vallée de Barentin	Une filature toute récente.	300.000	400.000
	Id.	210.000	350.000
Vallée d'Houlme. —	Une filature datant de 1857.	40.000	300.000

A Rouen, même en 1868, après décès du filateur, un établissement couvrant plus d'un hectare de superficie et qui n'avait pas valu moins de 300,000 francs était adjugé 57,000 francs.

Examinons qu'elle était notre situation chez nos voisins les Suisses et les Anglais. Nous comprendrons facilement pourquoi l'ouverture de notre marché avait été désastreuse.

En Suisse, le prix de premier établissement, moins élevé qu'en France, n'offrait cependant pas une différence très grande. Mais l'abondance et la facilité d'utiliser les chutes d'eau, et le bon marché de la main-d'œuvre, donnait à ce pays une supériorité incontestable sur le nôtre.

La main-d'œuvre en Suisse était de 30 à 40 0/0 moins chère que chez nous, et cependant la classe ouvrière n'y était pas malheureuse, car les objets qu'elle consommait y étaient à meilleur marché, et l'impôt y était neuf fois moins lourd qu'en France. Enfin la conscription ne prenait pas comme chez nous, à l'atelier ses meilleurs ouvriers.

Cependant la Suisse, malgré tous ses avantages n'était pas notre concurrent le plus redoutable ; le plus dangereux était l'Angleterre. Grâce à la richesse minéralogique de son sol à l'abondance et à la facile extraction de la houille, au bon marché des transports, elle pouvait édifier et remplir de matériel ses usines dans des conditions bien plus avantageuses que nous.

Voici quelques chiffres comparatifs que nous empruntons au rapport de M. A. Cordier.

Les frais généraux de la filature reposent principalement sur l'amortissement et l'intérêt du capital matériel, sur le coût de la force motrice, le coût des bâtiments et des machines et sur le prix de la main-d'œuvre.

Le prix de revient d'une broche repose sur l'achat du terrain, la construction du bâtiment, les moteurs et les machines. Or en France, en 1860, la broche coûtait environ 50 francs. En Angleterre ces diverses dépenses, moin l'achat du terrain qu'on loue à long bail s'élevait à 25 fr. Pour trouver l'équivalent nous ajouterons pour 10,000 broches, le prix d'un hectare de terrain dans la banlieue de Rouen, soit 15,000 francs, soit 1 fr. 50 par broche, ce qui remettait la broche anglaise à 26 fr. 50.

La différence avec la broche française était de 23 fr. 50 ! Pour une filature à 10,000 broches, on cal-

culant l'intérêt du capital à 5 0/0 ce qui n'a rien d'exagéré et l'amortissement à 5 0/0, le filateur français devait fournir une rente annuelle de 50,000 francs. L'Anglais devait fournir seulement 26,500 francs, soit une
différence en sa faveur de 23,500 francs.

Passons maintenant aux dépenses de l'exploitation.

Force motrice. — Nous avons en Normandie quelques chutes d'eau, mais elles sont tellement recherchées
que leurs propriétaires les louent en raison de leur
force sur la base du prix moyen du cheval vapeur produit avec le charbon. La dépense est donc la même.
Or, pour une filature de 10,000 broches, la dépense
était de 800 tonnes au prix moyen (année 1869) de
22 francs la tonne, ce qui faisait 17,600 francs.

Ce même charbon, en Angleterre, valait 8 francs
et mis sous vergue ou à pied d'usine environ 10 francs.
La dépense de la filature anglaise était donc de
8,000 francs, soit une différence de 9,000 francs à son
avantage (1).

(1) Voici le prix moyen en Angleterre des charbons payés à Rouen
22 francs la tonne (en 1868) :

Newcastle.........	tout venant : 10 60	menu : 5 00
Sunderland	— 9 48	— 5 60
Goole.............	— 10 60	— 6 25
Wartworth.........	— 9 40	— 5 00
Hartlepool ,..	— 9 40	— 5 00
Hull..............	— 10 60	— 6 15
Midlesbro	— 7 40	— 5 60
Llanelly...........	— 10 60	— 5 00

Salaire. — Les salaires en France avaient augmenté de 20 0/0 depuis 1860. Les quinzaines payées en Normandie arrivaient au niveau de celles payées en Angleterre. Certaines fonctions étaient même mieux rétribuées chez nous qu'en Angleterre, et le chiffre de la production mis en regard du chiffre des salaires donnait à peu près le même résultat pour les deux pays.

Entretien du matériel. — Il est très difficile de donner des chiffres, car l'usure du matériel peut tenir à une foule de causes différentes et instables, mais d'une façon générale, on peut dire qu'ici encore l'Angleterre avait un avantage énorme sur nous qui pouvait aller jusqu'à 60 0/0. Elle possédait dans les centres usiniers des fabriques de machines à filer immenses qui fournissaient presque le monde entier. Elle y trouvait à un prix dérisoire les pièces de rechange nécessaires à la réparation des machines et n'avait pas besoin de cet accessoire si coûteux qui grève lourdement nos usines : l'atelier de réparation.

Avec la Suisse, les chiffres étaient aussi écrasants pour nous et la différence en notre défaveur était bien trop forte pour que nous puissions lutter sans droits protecteurs.

Malgré les avantages dont nous avons parlé, faiblesse de l'impôt, bon marché de la main d'œuvre, le prix d'installation de la broche était considéré comme le même que chez nous.

Dans le canton de Zurich et le reste de la Suisse, le

loyer des forces hydrauliques était évalué — et il l'est encore maintenant — au quart du prix du charbon dans le pays. Ce prix était de 32 francs la tonne. Le quart était donc de 8 francs. Pour 10,000 broches la dépense annuelle sera de 800 × 8 soit de 6,400 francs ce qui faisait une différence de 11,200 francs à notre désavantage.

Comparons maintenant les salaires.

L'ouvrier fileur gagnait en 1869 dans la circonscription de Rouen environ 4 fr. 50 par jour. En Suisse la moyenne des salaires était de 3 fr. 375, mais la journée y était de 13 heures au lieu de 12, ce qui faisait ressortir la journée du fileur français à 4 fr. 875 avec une différence de 1 fr. 50 en plus ou 30 1/2 0/0. La main d'œuvre d'une année en 1869 pour un établissement de 10,000 broches s'élevait à 70,050 francs. La différence en faveur du filateur suisse était de 21,555 francs.

Conséquemment pour résumer ce que nous venons de dire, les dépenses d'une filature de 10,000 broches étaient en Angleterre de 33,100 francs et en Suisse de 32,755 francs inférieures à celles d'une même filature en Normandie et encore nous avons fait abstraction pour l'Angleterre des très grandes facilités qu'elle trouvait pour réparer ses machines.

La filature anglaise avait donc sur nous un avantage de 23,9 0/0 et la filature suisse de 23,8 0/0.

Le coût énorme de la force motrice avait un autre très grand inconvénient pour nos usines. C'était de les priver d'inventions nouvelles très avantageuses au point de vue du rendement mais grandes mangeuses de force motrice, ce qui annulait chez nous l'avantage qu'on en pouvait tirer.

Le métier self-acting par exemple a été une des grandes inventions de la filature. Les usines anglaises et suisses l'adoptèrent immédiatement. Les usines normandes furent beaucoup plus hésitantes. Le gain était trop faible pour abandonner un matériel qui pouvait rendre des services encore longtemps. On a calculé que le gain d'un self-acting était d'environ 1,500 francs par an pour le filateur anglais, il était à peine de 250 francs pour un filateur français.

Aussi avons-nous été inondés de filés étrangers surtout en numéros ordinaires ou la différence de prix était plus sensible. Voici le tableau des importations de filés dans les quelques années qui précédèrent et suivirent le traité.

Avant :

1857 . . . .   754.745 francs.
1858 . . . .   1.140.274   —
1859 . . . .   1.308.073   —
1860 . . . .   1.021.977   —

Date du traité : 1er octobre 1861.

1861 . . . .   5.024.082 francs.

Après :

1862	12.015.108 francs.
1863	6.976.762 —
1864	6.313.959 —
1865	10.952.775 —
1866	11.093.359 —
1867	8.908.524 —

Voici les moyennes décennales de 1827 à 1866 :

De 1827 à 1836. . .	475.606 francs.
De 1837 à 1846. . .	1.160.087 —
De 1847 à 1856. . .	792.009 —
De 1857 à 1866. . .	9.558.340 —

Si on compare ces chiffres, on voit tout de suite le résultat. Il semble que la mise en vigueur du traité ait été comme la rupture d'une digue qui nous protégeait.

L'invasion se fit avec une bien grande violence puisqu'en 1861, où cependant l'effet des nouveaux tarifs ne se fit sentir que pendant 3 mois, les importations *quintuplèrent !*

Pour s'expliquer l'inondation anglaise, il suffit de nous rappeler que notre industrie cotonnière était par rapport à celle de nos voisins comme 1 est à 7. Si notre marché recevait le quinzième de la production anglaise,

il y avait donc à déblayer l'équivalent de deux ou trois
années de production de notre industrie.

Nous allons voir que le tableau que nous venons de
faire de la filature de coton, ne sera pas moins sombre
pour l'industrie du tissage mécanique.

Tissage mécanique.

Tissage mécanique. — En 1860, l'industrie du tissage mécanique était très prospère ; mais elle n'avait
pas le caractère de dissémination qu'avait la filature.
Les usines, où l'on tissait mécaniquement étaient toutes
des établissements montés sur un grand pied, et possédant beaucoup de capitaux. Cette situation venait de
ce qu'en Normandie, le tissage à la main entretenait à
lui seul les fabriques de rouenneries ; le tissage mécanique ne s'appliquait qu'à l'écru. Il y avait environ
60,000 métiers à main rien que dans la Seine-Inférieure ; il n'y avait pas 11,000 métiers mécaniques dans
toute la Normandie. Les petits établissements de tissage
tissaient à la main et tra   ``ient à façon pour de gros
fabricants qui eux se chargeaient de la vente et leur
fournissaient les modèles.

Aussi semble-t-il que le tissage ait mieux supporté
que la filature le régime des traités. En effet, le nombre
des métiers à tisser mécaniques s'était accru d'environ
1,000 métiers de 1859 à 1869. C'est que les tisseurs,
tous possesseurs d'une belle fortune venant de leur prospérité passée, n'avaient pas hésité à sacrifier leurs épar-

gnes et à s'armer pour la lutte. A première vue, si on consulte le tableau suivant pour la Seine-Inférieure, la situation semble prospère.

		NOMBRE de fabriques	NOMBRE de métiers
1859	Rouen	28	6.420
	Dieppe	4	483
	Havre.....	16	3.324
	Yvetot	»	»
	TOTAL...........	50	(1) 10.227
1869	Rouen	35	8.510
	Dieppe.	4	672
	Havre...............	20	4.514
	Yvetot	1	45
	TOTAL...........	63	(2) 13.029

Dans le département de l'Eure, il y avait en 1861 3,249 métiers, en 1869, 3,261. Dans l'Orne, circonscription de Flers, il y avait 400 métiers en 1859, dans le Calvados (circonscription de Falaise) il y en avait 150. La situation n'avait pas changé dix ans plus tard. Malheureusement ces chiffres sont trompeurs: il y avait bien une augmentation, mais les industriels qui avaient augmenté leur matériel, ne se soutenaient qu'avec la

(1) Il faut retrancher de ce chiffre 447 métiers à bretelles. Il reste 9,780.

(2) Dont il faut retrancher 902 métiers à bretelles. Il reste 12,767.

plus grande peine. Comme pour la filature, le mal qui
désarmait notre tissage vis-à-vis du tissage anglais, était
la cherté du premier établissement des usines, combiné
avec un surcroît énorme de frais généraux. Nos industriels avaient cherché à diminuer ces frais en élevant le
plus possible le chiffre de leurs affaires et en augmentant leur production. L'un avait utilisé un surcroît de
forces motrices, un autre avait ajouté une filature à son
tissage ou un tissage à sa filature ; de nouveaux venus
dans la carrière, s'étaient laissés éblouir par les promesses brillantes des partisans de la liberté. Ils avaient
monté, à l'instar des établissements du Lancashire, des
usines destinées à approvisionner l'Inde et la Chine.
D'autre part l'augmentation du tissage mécanique *avait
fait disparaître complètement le tissage à la main
des tissus écrus*, qui existait encore sur une assez grande
échelle dans la basse Normandie, aussi ne faut-il pas
conclure à une augmentation générale de l'industrie du
tissage, ni à une production proportionnelle beaucoup
plus considérable.

Pour nous faire une idée des difficultés de la lutte,
comparons, comme nous venons de le faire pour la filature, les frais nécessaires à la création et à l'entretien
d'un tissage normand, avec ces mêmes frais supportés
par nos concurrents anglais et suisses. Nous trouvons
la même disproportion.

Un métier à tisser coûtait en 1869 environ 1,300 fr.
y compris les sommes dépensées pour l'achat du ter-

rain, la construction des bâtiments et la force motrice, soit, pour un tissage de 200 métiers, 260,000 francs. Pour 200 métiers produisant des calicots lourds comme ceux qui font l'objet de la fabrication normande, il fallait une machine de 35 chevaux, dont la consommation annuelle était au moins de 500 tonnes au prix de 22 francs = 11,000 francs.

Salaires. — Un tisserand gagnait par jour   3 fr. 25
                Une tisserande . . . .   2 fr. 25
                            Moyenne . . . . .   2 fr. 75

Le nombre des ouvriers employés dans un établissement de 200 métiers était environ 175.

Les frais journaliers de main-d'œuvre, y compris le directeur et les employés, s'élevaient à 510 francs et pour l'année à 153,000 francs (1).

En 1859, un métier mécanique produisait en moyenne 9,000 mètres de tissus par an, avec un mouvement de navette de 120 coups à la minute. Par suite de perfectionnements successifs, on était arrivé, en 1869, à accélérer la vitesse de 25 à 30 0/0 et la moyenne dépassait 150 coups. Le rendement ressortait donc de 11,000 à 11,500 mètres, et pour 200 métiers à 2,300,000 mètres.

La fabrication portait sur des tissus pesant en majorité, les 100 mètres 8 kilos 600 à 20 kilos; la moyenne ressortissait donc à 14 kilos 300. Le prix de

_____

(1) Ces chiffres sont empruntés au rapport de M. Cordier.

façon d'un kilogramme de calicot (compte 30) étant
évalué à. . . . . 80 à 90 cent.
et celle des gros tissus à . . . . 50 à 60 cent.
la moyenne du prix de façon pour la production totale
remontait à 0 fr. 75.

En temps normal, les tissus revenaient à 3 fr. 75 le
kilogramme.

Voici les prix pour une manufacture normande.
Transportons-nous en Angleterre.

Angleterre

*Prix de revient. Charge annuelle pour l'intérêt
et l'amortissement.* — Nous avons vu que le métier
revenait chez nous à. . . . .   1,300 fr.
et qu'un tissage de 200 métiers, instal-
lation complète revenait à . . . .   260,000 fr.
En Angleterre, le prix calculé de même
façon était de 650 francs par métier,
moins le terrain. et si nous ajoutons le
prix d'un hectare dans les environs de
Rouen, soit 15,000, nous aurons le prix
de 725 francs, ce qui met notre établis-
sement de 200 métiers à 725 × 200 =   145,000 fr.
d'où une différence à notre désavantage
de . . . .   115,000 fr.

De là découle cette conséquence énorme, c'est que la
charge annuelle de 10 0/0 pour l'intérêt et l'amortissement donne une économie de 111,500 francs.

Chauffage. — D'autre part, 500 tonnes de charbon coûtaient à Rouen 11,000 francs.

En Angleterre environ 5,000 francs. D'où une nouvelle différence de 6,000 francs.

Salaire. — Comme pour la filature, les prix de main-d'œuvre se balançaient.

Résumons : le tisseur anglais avait sur ses frais d'amortissement et d'intérêt 11,500 fr. de moins à dépenser que le tisseur français et sur son combustible 6,000, ce qui lui faisait une économie globale de 17,500 francs.

Et ceci, indépendamment de l'avantage acquis sur le filé qui est la matière première du tissage, et de celui d'avoir un plus faible capital enfoui dans l'approvisionnement du fil à travailler, et dans le stock en marchandises, car dès cette époque, les débouchés de l'Angleterre étaient si considérables en comparaison de la production, que les manufactures expédiaient toujours leurs produits aussitôt fabriqués.

Suisse.

Dans les tissages de la Suisse, nous retrouvions les mêmes avantages que dans les filatures de ce pays.

Même dépense dans l'installation qu'en France, mais force motrice à prix très réduit, et main-d'œuvre très bon marché.

Calculée sur la base du charbon à 8 francs, la force motrice coûtait 4,000 francs au lieu de 11,000 francs en Normandie.

Les tisserands gagnaient en moyenne. 2ᶠ 75
Les tisserandes   — 1 60
          La moyenne était donc de 2ᶠ 17

Mais n'oublions pas que la durée de travail était de 13 heures au lieu de 12 chez nous, ce qui rehaussait notre moyenne à 2 fr. 97, la différence était donc 0 fr. 81, ce qui faisait au bout de l'année une différence de 42,522 francs.

En laissant de côté la main-d'œuvre, la filature anglaise avait sur le combustible et l'intérêt du capital engagé dans le matériel une différence en sa faveur de 47,2 0/0 et sur l'ensemble des frais généraux de 9,2 0/0.

Si nous établissons la même comparaison avec une filature Suisse, nous voyons que les conditions d'installation se balançant, la différence ressort à 30,2 0/0 par rapport aux mêmes frais dans les tissages de Normandie et sur l'ensemble des frais généraux à 26 0/0.

A côté de cette question du prix de revient du tissu, il y en avait une autre, aussi vitale pour l'industrie, c'était la question des transports.

Des privilèges et des subventions avaient été données aux grandes compagnies de chemins de fer et de navigation. Il semble que les auteurs du traité répudiant leurs principes, n'aient pas hésité à les protéger et leur attribuer un monopole contre la concurrence, que l'industrie trouvait si avantageuse. N'était-il pas étrange de voir des Compagnies, qui n'existaient que grâce aux subventions françaises, favoriser par leurs tarifs la concurrence anglaise à nos dépens ?

Le transport de 100 kilos de marchandises de Brad-ford à Alger viâ Boulogne et Marseille valait 18 fr. 50, tandis que ces mêmes marchandises payaient 20 francs pour aller de Paris à Alger.

De toutes ces entraves, de tous ces désavantages, il s'ensuivit comme pour la filature une dépréciation intense des établissements de tissage. On en vit vendre à des prix dérisoires et l'un d'eux admirablement situé et qui avait coûté 200,000 francs, fut vendu 50,000 francs.

Cette situation désastreuse avait une conséquence morale inattendue. Elle encourageait le jeu et la spéculation. Les grosses usines spéculaient et cherchaient par des achats heureux à rattraper la perte presque constante que leur laissait le prix de revient de leur marchandise calculé au cours du jour. Nous reviendrons plus loin sur cette intéressante question.

Cependant on ne pouvait pas dire que nos tissus manquaient absolument de protection. Le tarif conven-tionnel taxait les produits des tissages étrangers de droits qui allaient de 10 0/0 à 14 0/0. Mais ces droits qu'on avait mis un peu au hasard sur certaines sortes plutôt que sur d'autres, avaient été établis sans prendre l'avis des intéressés et comme nous allons facilement le démontrer, ils allaient à l'encontre de leur but.

Voici ce que nous relevons sur le tarif général con-ventionnel :

		Poids aux 100 m.		
Cretonne...	80ᶜᵐ 16/17 fils	16ᵏ »	Valeur au mètre......	0ᶠ66
			Droit 0ᶠ50 par kil....	0 08
			Représente environ 12 0/0 du prix.	
Longottes..	90ᶜᵐ 12/13 fils	16ᵏ »	Valeur au mètre......	0ᶠ68
			Droit 0ᶠ50 par kil....	0 08
			Soit environ 13 1/2 0/0 du prix.	

ARTICLES LÉGERS.

Doublures..	65ᶜᵐ 13/14 fils	5ᵏ10	Valeur au mètre......	0ᶠ25
			Droit 0ᶠ60 par kil....	0 03
			Soit 12 0/0 du prix.	
Calicots....	63ᶜᵐ 16/14 fils	5ᵏ35	Valeur au mètre......	0ᶠ31
			Droit 0ᶠ60 par kil....	0 03
			Soit 10 1/4 0/0 du prix.	
Compte.	30, 80ᶜᵐ 16/17 fils	9ᵏ »	Valeur au mètre......	0ᶠ37
			Droit...............	0 50
			Soit 12 1/4 0/0 du prix.	

ARTICLE SPÉCIAL.

Moleskins..	80ᶜᵐ 78/85 fils	21ᵏ »	Valeur au mètre......	1ᶠ03
			Droit 0ᶠ60 par kil ...	12 20
			Soit 11ᶜ 1/2 0/0 du prix.	

Que voyons-nous dans ce tableau, c'est que la proportion de protection est partout la même environ 12 0/0 pour les tissus lourds comme pour les tissus légers. Le résultat était désastreux pour nos tissages, le tissus léger étant beaucoup plus avantageux à fabriquer, car la main-d'œuvre entrant dans le prix de revient pour une part proportionnellement très grande on pouvait les fabriquer avec un capital relativement très réduit. Les Anglais avaient compris l'avantage de faire ces sortes;

aussi nous inondaient-ils de tissus légers nous laissant pour toute ressource la fabrication des tissus lourds beaucoup moins avantageuse.

A côté de taxes mal établies, on pouvait signaler des oublis complets de taxes. Ainsi il y avait une différence pour les fils simples et les fils retords, tandis qu'il n'y en avait aucune pour les tissus faits en fils simples et ceux faits en fils retords.

L'envahissement de notre marché était indéniable et le mal éclatait aux yeux des plus chauds défenseurs des nouvelles mesures, mais pour eux, la grande cause de la crise avait été non les traités mais la guerre de Sécession. Or dans le rapport de la Chambre de commerce de Rouen par les principaux tisseurs, nous trouvons cette assertion originale, que loin d'accélérer les importations de tissus anglais, la crise américaine l'aurait plutôt retardé à cause de la rareté du coton. Voici les propres expressions du rapporteur : « Nous n'hésitons « pas à le dire : si les conséquences du traité n'ont pas « été plus fâcheuses, si l'importation des tissus anglais « ne s'est pas faite sur une plus large échelle, nous « devons l'attribuer à la rareté du coton causée par la « guerre d'Amérique, à la position anormale de l'indus- « trie cotonnière, et enfin aux fluctuations violentes « des cours de la matière première qui en ont arrêté « l'essor. » Les raisons invoquées ici sont justes, mais il en est d'autres que nous avons touchées du doigt en étudiant la guerre de Sécession, et qui ont au contraire accéléré ce mouvement. La plus importante était la fermeture du marché américain et la nécessité pour l'Angleterre d'écouler sur notre marché le stock énorme dont elle était encombrée. Il semble donc que l'opinion du rapporteur soit paradoxale et un peu faite pour les besoins de la cause, mais elle était intéressante à citer car elle montre bien que la guerre d'Amérique n'a pas laissé en Normandie ce souvenir terrible que lui attribuent les libres échangistes.

Il n'y avait pas que le marché métropolitain d'envahi, nous eûmes beaucoup à souffrir sur notre marché colonial. Par marché colonial, il faut entendre le marché algérien, car en 1869, l'Algérie était à peu près la seule colonie avec qui nous faisions un commerce actif. Avec le Sénégal et les Antilles le commerce était à peu près nul. Au moyen des admissions temporaires les acheteurs de la colonie pouvaient introduire et faire imprimer en France puis exploiter chez eux des articles de Manchester, sans acquitter même les droits si faibles qui étaient censés protéger notre fabrication légère. Ses exportations de tissus de coton pour les sept années 1862 à 1868 sont inférieures de 6 0/0 en poids à celle de la période correspondante antérieure aux traités de commerce avec l'Angleterre. Les trois dernières années 1866 à 1868 sont encore plus désastreuses. Elles portent une diminution de poids de 17 0/0. Avec le Sénégal et les Antilles, la diminution atteint 25 0/0.

Voici le tableau des exportations de tissus en Algérie pour les deux périodes.

AVANT LE TRAITÉ :

ANNÉES	ÉCRUS ET BLANCHIS	TEINTS	IMPRIMÉS
	Kilos.	Kilos.	Kilos.
1854	2.710.416	215.221	239.058
1855	3.761.955	372.086	372.133
1856	3.051.690	318.322	330.548
1857	2.713.389	161.235	212.916
1858	2.940.322	228.192	247.970
1859	2.619.783	185.394	268.112
1860	3.784.013	193.763	241.057
TOTAUX.....	21.581.565	1.704.213	1.912.694

TOTAL GÉNÉRAL : 25.198.472 kilos.

APRÈS LE TRAITÉ DE 1861 :

ANNÉES	ÉCRUS ET BLANCHIS	TEINTS	IMPRIMÉS
	Kilos.	Kilos.	Kilos.
1862	3.525.024	45.936	45.776
1863	3.780.034	»	11.540
1864	3.210.953	41.144	78.643
1865	3.768.789	72.844	190.143
1866	3.637.556	121.811	201.608
1867	2.422.077	179.895	60.160
1868	2.069.650	83.890	68.355
TOTAUX.....	22.412.083	515.520	625.234

TOTAL GÉNÉRAL : 23.553.817 kilos.

Mais dira-t-on, ces chiffres sont partiels, et s'il y avait un déficit sur les exportations aux colonies françaises, il y avait par contre augmentation dans nos débouchés à l'étranger. Reportons-nous aux statistiques douanières : les exportations de 1862 à 1868 présentaient une augmentation en valeur de 32 0/0 sur celle des sept années avant 1861, mais si nous tenons compte du poids, nous descendons à 16 0/0. La proportion est bien diminuée, mais elle serait encore satisfaisante si l'augmentation ne se concentrait pas sur les années 1863-65. c'est-à-dire sur les années où la matière première atteignit les prix les plus élevés.

Le prix du coton entrait pour une telle part dans le prix de l'étoffe, qu'il détruisait la différence de prix venant de la fabrication. Qu'était-ce qu'une écart de 30 à 40 centimes par kilogramme de coton travaillé. ou de 0,05 par mètre, à côté d'une hausse de 1 ou 2 deniers sur la matière première en un seul jour. Le spéculateur en raison du bénéfice splendide que lui laissait son achat de calicot, par exemple, voulait réaliser rapidement, même en sacrifiant la différence de prix de revient, et il écoulait son étoffe à l'étranger. C'est ce qui explique nos exportations considérables de tissus écrus en Angleterre qui montent en 1863 à 1,405,000 kilos et à 720,600 en 1864. A partir de ce moment nous voyons une décroissance continuelle et en 1868 nous tombons à 171,000 kilos. Du reste cette décroissance était générale. Il n'y a plus qu'un écart de 4 1/2 0/0 en faveur des poids en 1866-68 et pour les années 1867-1868 comparées à 1860 la différence se traduit par une *diminution* de 7 0/0 sur la période antérieure au traité. Si nous considérons les importations nous les voyons au contraire s'accroître rapidement, à partir de 1866 et se maintenir à un taux très élevé, taux qui pesait d'autant plus sur l'industrie qu'elles étaient réduites pour ainsi dire à zéro avant les traités puisqu'il y avait prohibition.

Voici le tableau des exportations d'étoffes de coton en France avant et après les traités. (Extraits de la statistique douanière, tarif spécial.)

AVANT LE TRAITÉ :

ANNÉES	ÉCRUS ET BLANCS	VALEUR moyenne	TEINTS	VALEUR moyenne	IMPRIMÉS	VALEUR moyenne
	kilos.		kilos.		kilos.	
1854	3.634.272	4f 60	1.040.614	6f 75	1.625.593	10f 45
1855	4.899.713	4 40	1.306.103	6 60	1.831.021	10 30
1856	4.095.502	4 70	1.318.792	6 75	1.828.458	10 30
1857	3.888.582	3 95	1.257.593	6 »	1.871.542	8 60
1858	3.936.233	3 95	1.208.127	6 »	2.083.289	8 60
1859	3.609.958	4 20	1.034.348	6 30	2.100.477	8 60
1860	5.494.234	3 80	1.024.534	5 80	1.810.589	8 60
Total.	29.558.494		8.230.111		13.140.969	

TOTAL : 50.929.577 kilos, valant 298.611.394 francs.

Après le Traité :

ANNÉES	ÉCRUS ET BLANCS	VALEUR moyenne	TEINTS	VALEUR moyenne	IMPRIMÉS	VALEUR moyenne
	kilos.		kilos.		kilos.	
1862	5.562.128	4 75	742.046	6 80	858.656	7 45
1863	7.629.319	6 40	761.830	8 80	1.352.427	9 75
1864	6.081.047	7 35	1.230.121	10 »	1.502.088	10 50
1865	6.176.109	6 10	1.674.117	8 50	2.065.060	10 »
1866	5.561.322	6 25	1.762.651	7 50	1.917.259	9 25
1867	4.191.753	4 50	1.646.852	6 50	1.505.325	7 20
1868	3.727.509	»	1.497.419	»	1.506.420	»
Total.	38.929.087		9.315.043		10.707.245	

Total : 58.951.375 kilos, valant 395.494.986 francs.

Voici maintenant le tableau des importations de 1862 à 1869.

ANNÉES	ÉCRUS ET BLANCS	VALEUR moyenne	TEINTS	VALEUR moyenne	IMPRIMÉS	VALEUR moyenne
	kilos.		kilos.		kilos.	
1862	893.747	4 55	58.887	5 65	1.938.652	»
1863	300.823	7 20	27.693	8 30	643.803	»
1864	439.981	8 05	20.197	9 50	457.712	»
1865	352.960	5 65	30.198	8 »	700.581	»
1866	2.113.846	5 45	60.315	7 »	1.301.745	»
1867	1.481.639	4 40	103.441	6 »	1.049.789	»
1868	873.279	»	118.488	»	1.081.930	»
1869	716.351	»	113.437	»	1.268.857	»

Le poids des tissus imprimés ne figure pas dans le tableau des douanes ; les valeurs indiquées sont les valeurs déclarées d'après lesquelles les droits sont perçus.

Ces chiffres parlent d'eux-mêmes et se passent de commentaires. Il faut observer que ce sont des chiffres extraits de la statistique douanière générale de la France. Ils se rapportent donc à tout le marché français et aux colonies.

Que demandaient les tisseurs normands devant une telle situation. Je laisse la parole au rapporteur : « Ce « résultat si triste, dit-il, ce recul si préjudiciable pour « les intérêts engagés dans la lutte internationale ne « sont pas du fait de notre industrie ; aussi pouvons- « nous rejeter loin de nous ce *mot si dédaigné de pro-* « *tection.* Qui dit protection dit faveur et nous n'en « voulons pas. Nous réclamons, comme notre dû, des « droits compensateurs (ce mot si bien choisi par nos « confrères alsaciens). Les préjudices que nous avons « subis, par suite de la perte à peu près irrévocable de « nos débouchés coloniaux, les charges additionnelles « que nous supportons sont les titres que nous invoque- « rons à l'appui de notre demande..... Les tisseurs de « notre région demandent : 1° La dénonciation immé- « diate des traités de commerce décrétés sans la sanc- « tion du pays.

« 2° La révision, *par leurs représentants,* de ces « droits si arbitrairement établis par des théoriciens qui « s'étaient imaginés qu'un trait de plume suffirait pour « changer le régime économique de la France. »

Passons maintenant à une autre branche dont à juste titre s'enorgueillissait l'industrie rouennaise, l'impression sur étoffes, la fabrication des toiles peintes et des indiennes.

Impression sur étoffes.

Indiennes. — Jusqu'ici notre examen à porté sur des industries dont les installations et l'outillage sont soumis à des conditions à peu près identiques. Il n'en est pas de même dans la fabrication des toiles peintes. Cette fabrication n'a pas la régularité des industries mécaniques proprement dites, sa production n'est pas régulière et il est bien difficile de l'estimer. Chaque industriel cherche à fabriquer suivant le matériel qu'il possède. On peut dire que dans cette branche chacun a sa spécialité. Les uns fabriquent les genres classiques, d'exécution simple et facile, et par là même d'un prix modique et de grande consommation; d'autres au contraire s'adressant à une clientèle plus relevée mais moins nombreuse, s'adonnent à la fabrication des genres nouveautés, dont le bon goût des dispositions, l'harmonie des couleurs, la beauté de l'étoffe assureront le succès.

Il semble que cette industrie dût être le triomphe de l'industrie française car elle doit son succès au bon goût du fabricant. Il faut choisir les dessins, puis les tissus, au besoin en créer pour le genre qu'on veut faire, obtenir une grande pureté dans la gravure, une netteté parfaite dans l'impression, enfin une alliance harmonieuse des couleurs employées.

Toutes ces qualités qui assurent le succès des toiles peintes, ne peuvent pas être obtenues mécaniquement et sont absolument indépendante de l'outillage et des conditions de son fonctionnement.

Aussi semblerait-il que la France n'ayant à soutenir la lutte que dans le domaine du bon goût dût triompher facilement.

Mais nos concurrents anglais comprenant leur infériorité dans les genres de prix élevés et dont la vente est forcément limitée comme tout ce qui appartient à la mode, cherchèrent à habituer nos populations à des tissus plus ordinaires, et de fabrication courante qui séduisaient par leur extrème bon marché. Le goût, avouons-le, avait succombé dans la lutte et le public d'alors comme celui d'aujourd'hui ne semblait plus se préoccuper que d'une seule chose : le bas prix du produit.

Dans les fabrications courantes, le fabricant anglais conservait les mêmes avantages que dans la filature et le tissage mécanique. Possédant toutes les matières premières à bon marché, le charbon, le fer, le cuivre employé pour les rouleaux d'impression, il pouvait produire à un prix défiant toute concurrence. D'autant plus que le fabriquant pour la masse, pour cette partie du public peu changeante dans ses goûts et ses habitudes, employait constamment les mêmes couleurs, car il conservait les mêmes dispositions pendant plusieurs années. Les frais de dessin, de gravure, d'essais, étaient beaucoup diminués et les frais généraux pouvaient tomber à un taux très bas.

Le grand avantage de l'Angleterre est d'avoir la houille à très bon marché. Or les fabriques d'indiennes consomment énormément de charbon. Il leur en faut, non seulement pour la force motrice, mais aussi pour les lessivages, la préparation des couleurs et leur fixage, le chauffage des bains de teinture de telle sorte qu'une usine qui emploie 50 chevaux pour sa force motrice devra avoir des générateurs suffisants pour donner 300 chevaux.

L'avantage de la Suisse est le bon marché de la main-d'œuvre. Le nombre d'ouvriers employés dans l'impression est excessivement variable suivant le genre de fabrication de chaque établissement. Mais il est toujours très élevé en comparaison du nombre employé dans la filature et le tissage. Les fonctions régulières étaient les suivantes en 1869 : une table d'impression occupait deux ouvriers : un imprimeur et un tireur.

Un rouleau était servi par 6 à 8 ouvriers.

Une perrotine par deux ou trois ouvriers.

Les graveurs, préparateurs de couleurs, blanchisseurs, etc., étaient comme à l'heure actuelle, en nombre illimité suivant l'importance de la fabrique.

Comparons les frais généraux d'une imprimerie sur étoffe en Angleterre, en Suisse, et chez nous.

Angleterre.

En Angleterre. — Pour la construction de la fabrique, la location à bas prix du terrain, nous rencontrons les mêmes avantages que précédemment. Le principal matériel consistait en rouleaux de cuivre. Le prix des rouleaux était à Manchester, prix moyen de 1869 :

Cuivre   120 kilos à 2^{f}60 = 312^f » à Manchester ;

»   »   3^{f}20 = 384^f » à Rouen ;

Axes en fer 100 kilos   0^{f}875 =   87^{f}50 à Manchester ;

»   »   1^{f}10 = 110^f » à Rouen.

ce qui mettait le rouleau à 399 fr. 50 à Manchester, et à 494 francs à Rouen. On peut dire, en arrondissant les chiffres, que la différence était de 95 francs.

Supposons une usine de 100 cylindres imprimant 35,000 pièces par an. Appliquons le système que nous avons déjà employé. Voici le résultat obtenu :

Le manufacturier anglais gagnait sur l'intérêt à payer pour l'installation et sur l'amortissement, .   37.500 fr.

les cylindres. . . . .   9.500 fr.

sur le charbon, machine et générateur . .   38.880 fr.
                                            —————
                                            85.880 fr.

Enfin, avantage plus considérable, les produits chimiques représentaient une différence de 100,000 fr., car une telle usine en employait environ pour 400,000 fr. et ils coûtaient environ 25 0/0 moins cher en Angleterre que chez nous.

Nous avons au total 85,880 fr. + 100,000 fr. = 185,880 francs. Sur les parties de l'opération que nous venons d'examiner, l'avantage était de 21, 2 0/0 ; sur le chiffre total des frais généraux, il était de 7,5 0/0.

En Suisse.

En Suisse, le prix de l'installation était le même que chez nous, mais la dépense en combustible y était plus forte, car on est bien obligé de se servir de charbon pour produire la vapeur nécessaire aux opérations de l'impression.

En Suisse, nous avons pour l'exemple choisi :

40 chevaux moteurs (force hydraulique sur base de charbon à 8 francs) :

432 tonnes = ...   3.456ᶠ »

260 chevaux non moteurs (sur base de 32 francs) :

2,808 tonnes = ...   89.856 »

Soit . . . . .   93.312ᶠ »

En France, le charbon pour 300 che-vaux-vapeur coûtait. . . . .   71.280 »

d'où une différence en notre faveur de. .   22.032ᶠ »

Passons aux salaires :

En Suisse, l'imprimeur à la main ga-gnait de 2 francs à 2 fr. 50. Moyenne. .   2ᶠ 25

La rentreuse, de 1 à 1 fr. 50. —   1 10

Le manœuvre. . . . .   2 »

Moyenne . . .   1ᶠ 78

En France, l'imprimeur gagnait . . . . .   5^f »

La rentreuse. . . . .   3 »

Le manœuvre 2 75

Moyenne . . .   3^f 58

Différence . . .   1^f 80

Un peu plus de 50 0/0.

Le total des salaires d'une année étant

d'environ . . . .   390.000^f »

à 50 0/0, la différence était de . . . .   195.000 »

Déduction pour le combustible. . . . . .   22.032 »

Il restait   172.908^f »

à l'avantage de l'industriel suisse, ce qui correspondait à 19, 7 0/0 pour les opérations susdites (salaire et combustible), et à 7 0/0 sur l'ensemble des frais généraux.

Nous laissons à part la question des produits chimiques, les différences de prix n'étant ni aussi certaines, ni aussi accentuées qu'en Angleterre. Cependant nous recevions dès cette époque en Normandie, des produits que nous envoyaient les industriels de Bâle. Il fallait donc qu'il y eût une différence sensible entre leurs prix et les nôtres.

Le résultat de cette situation était celui-ci : En 1860, on comptait 32 fabriques d'indienne dans les arrondissements de Rouen et du Havre avec 1,003 tables à imprimer ; dans l'Eure, il y en avait 3 avec 30 tables. En

1869, il restait à Rouen et au Havre 20 fabricants avec
463 tables, et dans l'Eure un seul avec 25 tables ; 13 établissements avaient donc disparu.

Si nous consultons les statistiques douanières (Voir
les tableaux précédents) nous observons que de 1853 à
1860 nous avons exporté en tissus imprimés et teints
pour 201,868,071 francs et cela *sans aucune importation*, l'entrée de ce genre de tissus étant prohibée. De
1861 à 1869 nous avons seulement exporté pour
189,425,147 francs, mais en même temps les importations
s'élevaient à 7,636,007 francs, ce qui fait pour notre commerce une perte de près de douze millions sur la période
correspondante. Si au lieu de regarder le prix nous regar-
dons le poids, ce qui au point de vue du travail est la donnée importante, nous nous apercevons que la perte était
bien plus grande encore, car le coton brut qui valait
1 fr. 50 à 1 fr. 60 dans la première période a valu 3 fr.
à 3 fr. 20 pendant la seconde. De sorte qu'on a 40 millions de kilogrammes de 1853 à 1860 et de 1861 à
1868, 27,500 kilos seulement, ce qui fait une diminution
de 31 0[0.

Devant cette situation, que demandait l'industrie ?

Les desiderata des imprimeurs sur étoffes étaient
les mêmes que ceux des filateurs et des tisseurs. Leur
rapport se terminait « réclamant la dénonciation du
traité de commerce afin que la Chambre puisse voter
de nouveaux tarifs après avoir étudié les besoins de leur
industrie par une enquête consciencieuse.

Passons maintenant à la quatrième grande branche de l'industrie normande, *la rouennerie.*

Rouennerie.

On appelle rouennerie les tissus tout coton, faits à l'aide d'une chaîne et d'une trame préalablement teintes. Les dispositions diverses ne s'obtiennent plus comme dans les toiles peintes par une application de couleur sur une étoffe unie, mais par des combinaisons de fils teints à l'avance en différentes couleurs. Comme son nom l'indique, cette production a été longtemps une production spéciale à la région rouennaise et elle avait une importance considérable. En 1869 la fabrication mécanique de la rouennerie n'existait pas. C'est à peine si on peut citer quelques essais faits par une grande maison de Rouen. La majeure partie était fabriquée dans les campagnes du pays de Caux, dans la Picardie et dans l'Artois. Le travail se faisait à façon, c'est-à-dire que le fabricant achetait à la filature son fil écru, et le faisait teindre chez un autre industriel, le teinturier. Puis il envoyait au tisserand ce qu'il fallait pour faire les deux éléments du tissu : la chaîne et la trame, et celui-ci confectionnait l'étoffe suivant un prix convenu. L'ouvrier travaillait chez lui et était aidé dans son état par sa femme et ses enfants qui bobinaient la trame.

Le nombre des métiers en 1869 — nombre relevé sur le registre des contributions — était dans les cantons de Rouen, de Dieppe, du Havre, de Neufchatel et d'Yvetot

de 22,070. En 1859 il était de 29,398. Mais cette diminution déjà fort importante dans le nombre des métiers
n'équivalait pas, loin de là, à la diminution véritable
de la fabrication. Beaucoup de ces tisserands manquaient d'ouvrage mais restaient toujours tisserands,
payant leurs contributions comme tels, ne vendant pas
leurs métier, espérant de meilleurs jours. Nous avons
sous les yeux le relevé des matières expédiées dans la
Picardie et l'Artois par les fabricants de Rouen. Si
nous comparons les expéditions faites en six semaines
par exemple du 1er septembre au 15 octobre 1869 avec
la période correspondante de 1859 on trouve le déficit
énorme de 42 0/0. Pour la fabrication dans le pays de
Caux, nous n'avons pas de chiffres exacts à cause du
grand nombre de moyens de transport, mais il n'y a
pas de raison pour que la situation y ait été plus favorable. Malgré cette production restreinte, les fabricants
rouennais étaient encombrés d'un stock d'environ
300,000 pièces valant environ 26 millions. Cette situation si mauvaise avait pour seule cause l'inondation véritable du marché national par les tissus étrangers, et
surtout les tissus anglais, laine et coton qui se substi-
tuaient à la rouennerie dans la consommation. Cette importation avait augmenté de 59 0/0 dans les sept premiers mois de l'année 1869 comparativement aux mêmes mois de l'année 1867, et de 35 0/0 comparativement à ceux de 1868.

L'industrie du mouchoir, spécialité des fabricants de

Bolbec n'était pas mieux partagée. Le stock des fabricants était estimé à 70,000 pièces, c'est-à-dire à *quatre mois de production*. Nous étions concurrencés par les articles similaires fabriqués en Suisse, et par les mouchoirs faits en Angleterre avec des calicots à bas prix et imprimés sur les bords.

Ces deux sortes n'acquittaient que des droits insignifiants. Examinons quels étaient pour la rouennerie les avantages de nos concurrents.

Suisse.

En Suisse. — Il n'y avait guère qu'en Suisse qu'on pratiquât le tissage à bras des fils de couleurs. Il n'y avait donc pas dans cette industrie à tenir compte du prix de la force mécanique qui est plus bas dans ce pays que dans le nôtre.

Mais nous avons vu que les fils teints y étaient meilleur marché puisque la filature et la teinturerie produisaient à meilleur compte.

D'un autre côté, la vie y étant moins chère que chez nous, les impôts y étant moins lourds, le tisserand pouvait se contenter d'une moindre rétribution pour son travail à façon, puisqu'il avait moins de dépenses pour subvenir à ses besoins.

Angleterre.

En Angleterre. — L'Angleterre, pour la fabrication des rouenneries, à tous les avantages dont nous avons

parlé pour les autres branches, et qui sont inhérents à
toute son industrie, on ajoutait un autre celui là tout
particulier à l'espèce qui nous occupe, et le plus formidable de tous, c'était la fabrication mécanique et
industrielle substituée à la fabrication à façon de nos
métiers à bras. Toutes les rouenneries en 1869 se tissaient au métier mécanique et on n'employait plus le métier à bras de l'autre côté du détroit que pour des sortes de très faible écoulement, et de fabrication très
compliquée. Or la fabrication mécanique donnait une
économie de 2 francs à 2 fr. 25 par kilogramme traité.

On peut se demander pourquoi en 1869, aucun métier mécanique ne fonctionnait chez nous. C'est que
notre genre de fabrication était très différent de celui
de l'Angleterre. Celle-ci avait des débouchés énormes
que nous n'avions pas. Elle pouvait fabriquer une seule
sorte, par grandes quantités. C'était là le point capital,
car l'avantage du métier mécanique à cette époque
(nous verrons qu'actuellement cela n'est plus aussi
vrai) tombait complètement si on variait souvent les
dispositions.

Chaque combinaison nouvelle entraînait en effet un
travail long et minutieux partant chèrement payé, à
cause de la difficulté à arranger les armures et les lisses des métiers.

Le problème est en effet très compliqué, car pour
faire une étoffe donnée, il faut que des navettes de différentes couleurs soient projetées à travers la chaîne à

intervalles donnés, et que la trame s'entrouvre de façons différentes et à temps donnés pour former le « grain » de l'étoffe qui est variable à l'infini. En changeant souvent de dispositions, on était amené à détruire tout le bénéfice du travail mécanique. Le tissage à bras au contraire procurait de grandes facilités pour l'assortiment très varié qu'on demandait à nos fabricants français.

Les tisserands souffraient beaucoup de cette situation. Sentant qu'il était presque impossible de lutter contre les procédés nouveaux, et qu'un jour fatalement la production mécanique viendrait arrêter leurs métiers, pour reculer autant que possible cette échéance désastreuse et comme il arrive toujours dans les cas de crise industrielle ils offraient leur travail à meilleur compte. En fait les salaires avaient baissé de 10 0/0.

La situation de la rouennerie, cette industrie si privilégiée jusque-là était donc peut-être encore plus précaire que celle des autres branches, et elle l'était d'autant plus, que ses fabricants protégés de tout souci de la concurrence étrangère par le régime des prohibitions, n'étaient pas habitués à la lutte et s'étaient vite découragés ; du reste cette lutte du métier à bras contre le métier mécanique était absolument impossible.

Après un laps de dix ans sous le régime libre échangiste voici le bilan de l'industrie :

Diminution de 42 0/0 dans la fabrication.

Encombrement d'une production de 6 mois.

Vente presque nulle à des prix ruineux.

Réduction de 10 0/0 sur les salaires.

Nous croyons qu'il est inutile d'en tirer de longues conclusions !

Nous avons passé en revue les quatre grandes branches de l'industrie cotonnière normande, filature, tissage écru, indienneries et rouenneries. Nous avons vu que l'influence des traités avait été aussi néfaste pour toutes, mais à côté de ces grandes industries, il y en avait d'autres qui étaient directement intéressées à leur prospérité et qui partageaient leurs souffrances. C'était les industries annexes, de la teinturerie, des apprêts, des produits chimiques, de la construction des machines à filer et à tisser. Nous allons les passer en revue très rapidement, nous allons voir que le tableau qu'elles nous offraient était aussi alarmant.

La teinturerie et les apprêts.

L'industrie de la teinturerie a comme meilleure cliente celle de la rouennerie qui lui donne à teindre les filés écrus. Nous avons vu quelle était la situation de cette dernière. Les affaires des principales maisons de teinture de la région avaient baissé du même coup de 25 à 30 0/0. C'est du moins ce qui ressort du rapport adressé par les teinturiers et apprêteurs à la Chambre de commerce de Rouen. On avait prié les principaux industriels teinturiers de donner leur chiffre d'affaires pendant les années 1857, 1858, 1859 et pendant les années 1867, 1868, 1869. Le déficit cité plus haut se retrouvait chez tous. Leurs plaintes sont celles déjà entendues dans les autres industries, dépréciation du matériel d'environ 50 0/0, chômage des ouvriers, mal causé par la conscription militaire. Nous n'insisterons donc pas plus longtemps.

Les produits chimiques.

L'industrie cotonnière emploie de nombreux produits pour les apprêts, le blanchiment, et la teinture des filés. Elle achetait des matières tinctoriales, surtout de la garance et des produits d'aniline, produits non fabriqués en Normandie, mais elle tirait du pays les chromates et les sels de soude dont elle faisait une énorme consommation. En 1859 il y avait une usine de chromates au Havre et deux usines de sels de soude à Rouen. En 1869, la position de l'usine du Havre était gravement compromise. Son fondateur était Delacretaz, le créateur de ce genre d'industrie, industrie essentiellement française issue du génie de Vauquelin. Sur les deux usines de sels de soude, une avait disparu et avait été rachetée par l'usine subsistante. Les deux établissements étaient passés dans les mains du même propriétaire. Voici quelques chiffres montrant l'effet des traités.

En 1860, la production en chromate et bi-chromate de potasse s'élevait à 983,000 kilogrammes, au prix de 2 fr. 30, ce qui donnait 2,260,000 francs.

En 1869, la production était descendue à 215,000 kil. au prix de 1 fr. 20, ce qui donnait 258,000 francs. Différence, 2,010,000 francs.

C'était une véritable ruine pour cette industrie.

Celle des cristaux de soude n'était pas mieux partagée. Malgré une baisse de prix constante entravée seulement en 1866 et 1867 par la reprise qui suivit la guerre d'Amérique, les importations augmentaient aussi rapidement que la valeur des produits baissait. Voici le relevé officiel des sels et cristaux de soude pendant les années 1866, 1867, 1868 :

	1866	1867	1868
Sels de soude....	2.044.373 kilos	1.981.480 kilos	3.988.924 kilos
Cristaux de soude	3.395.683 —	4.721.123 —	7.118.950 —
Totaux	5.449.056 kilos	6.702.603 kilos	11.107.874 kilos

et cependant les prix de 1862 à 1869 avaient baissé de 16 à 18 0/0.

Par le seul port de Rouen, il était entré dans les neufs premiers mois de 1869 :

Sels de soude..................... ..	533.959 kilos
Cristaux de soude...................	540.077 —
Total...........	1 074.036 kilos

Le Gouvernement avait pensé que pour des produits aussi bon marché que les sels de soude, on devait faire

entrer en ligne de compte en fixant les droits protecteurs, le prix du transport du pays étranger jusqu'au
territoire français. Ce prix de transport devait former
un droit compensateur pour nos produits. Mais c'était
illusoire, attendu que cela coûtait moins cher aux Anglais qu'aux Français d'approvisionner notre littoral,
en apportant des produits chimiques avec leur chargement de charbon. Pour pénétrer dans l'intérieur, ils
avaient toutes les facilités. Prenons un exemple, l'industriel anglais pouvait envoyer du Havre au Mans ses
produits sans débourser un sou de plus que l'industriel
rouennais, pour envoyer les siens dans cette même ville.
Cela venait de ce que par une scandaleuse faveur, la
Compagnie de l'Ouest, usant de la latitude inique que
lui accordait le Gouvernement, ne faisait pas payer aux
produits étrangers le transport qui les séparait du littoral, à Rouen.

Toutes ces facilités, ajoutées aux avantages de toute
l'industrie anglaise, le bas prix de l'installation, des
machines et du combustible, avaient presque détruit
l'industrie de la soude.

Industrie de la construction des machines.

Il semble que les constructeurs de machines à vapeur
aient été de tous les industriels rouennais, les moins
malheureux. Ils n'avaient souffert qu'indirectement à
cause du manque de prospérité dans les autres industries. La concurrence étrangère ne les avait pas atteint.

En effet, les machines à vapeur françaises étaient très supérieures comme qualité aux machines de fabrication anglaise. Les fabricants étrangers étaient obligés de venir opérer le montage sur place, opération très couteuse qui détruisait la différence de prix qui pouvait être à leur avantage.

Tout autre était la situation des constructeurs de métiers à tisser et de machines à filer. En dix ans, leur industrie avait été complétement ruinée par l'importation anglaise. Sur 17 ateliers de construction de machines à filer fonctionnant en 1860, il n'en existait plus que 4 en 1869 et sur ces quatre maisons, l'une d'elles ne construisait plus que des moteurs hydrauliques, les trois autres végétaient payant près de 20 0/0 de moins de salaires qu'en 1859.

Industrie des cardes.

L'industrie des cardes n'était pas plus prospère, les droits ayant été abaissés de 800 francs à 50 francs par 100 kilos, notre marché avait été envahi par les fabriques anglaises qui importèrent de 1860 à 1869 pour 4,715,176 francs de cardes qui avaient payé un droit insignifiant de 8,55 0/0.

Nous arrêterons ici notre revue de l'industrie colonnière, passant sous silence d'autres branches moins importantes, ou qui n'y touchent que par peu de côtés. Nous verrions du reste en étudiant les rapports de leurs représentants, la même situation précaire, le même désir d'un changement complet de régime économique.

Ces divers rapports que nous avons étudiés avaient été faits sous les auspices de la Chambre de commerce de Rouen, mais dans tous les centres industriels, la même agitation se produisait. A Condé-sur-Noireau, à Falaise, à la Ferté-Macé, à Juvigny, à Flers des rapports furent dressés et envoyés à la Chambre de commerce de Rouen, pour être adjoints à ceux des industriels de la Seine-Inférieure et communiqués au commissaire délégué par le Gouvernement. Tous concluaient dans le même sens demandant le rejet des traités.

M. Ozenne vint à Rouen. Il visita les usines, il reçut les doléances des patrons et des ouvriers et promit de s'employer de son mieux pour les faire aboutir. En fait l'enquête sur l'industrie commença le 21 mars 1870. Elle fut interrompue avant d'être achevée le 8 juillet à cause de l'imminence de la guerre.

Les délégués normands avaient cependant été entendus, ils avaient exprimé leurs réclamations devant la Commission et lui avaient donné communication des divers rapports dont nous venons de nous occuper. Au moment où les commissions cessèrent leurs travaux, il semble que la majorité était décidée, pour l'époque où les traités viendraient à échéance, à demander à la Chambre un relèvement général des droits pour toutes les industries textiles.

La guerre avec l'Allemagne, et toutes les perturbations de notre politique intérieure empêchèrent l'enquête

d'avoir un résultat immédiat. Cependant le choix fait par
M. Thiers à Bordeaux, de Pouyer-Quertier comme ministre des Finances pouvait faire présager que les vœux
des industriels allaient être exaucés. Mais le projet de
loi présenté à l'Assemblée nationale le 12 juin 1871 pour
l'augmentation de certaines taxes douanières, augmentation nécessitée par notre situation financière, ne porte
pas l'empreinte de préoccupations personnelles et protectionnistes. Le Gouvernement proposait pour aggran-
dir nos ressources de frapper à l'entrée d'un droit de
20 p. 100 les matières premières brutes destinées à l'industrie. Le coton en laine rentrait dans cette catégorie.
Pour ne pas nuire à nos exportations et à notre commerce intérieur, on aurait institué des drawbacks à la
sortie pour les produits fabriqués et on eut frappé de
droits compensateurs équivalents les fabrications étrangères. On pensait ainsi trouver 180 millions. Cette question des matières brutes souleva une très vive opposition;
nous n'avons pas à entrer ici dans le détail des discussions passionnées qui eurent lieu, et qui entraînèrent la
démission momentanée du Président de la République,
ni à examiner la valeur des obstacles d'ordre diploma-
tique qui empêchèrent l'exécution de cette loi pénible-
ment voté le 26 juillet 1872. Elle fut abrogée un an après,
le 26 juillet 1873, par suite d'une nouvelle convention
avec l'Angleterre. Nous étions vis-à-vis de cette nation
replacés exactement sous le régime des traités de 1860.
Remarquons seulement que l'Assemblée n'avait pas, en

votant la loi, complètement suivi le Gouvernement. Elle n'avait pas accepté le principe du drawback, dégoûtée des abus qu'entraînait ce mode de remboursements des droits.

Cependant à l'étranger, les idées libre échangistes paraissaient moins en faveur. La paix armée qui était devenue, après la guerre de 1870, l'état normal de tous les États de l'Europe, les obligeait pour subvenir aux dépenses militaires, à rechercher dans l'augmentation des tarifs douaniers, un supplément de ressources fiscales. Dès l'année 1878, l'Autriche-Hongrie et l'Italie élaboraient de nouveaux tarifs d'un caractère nettement protecteur et l'année suivante l'Allemagne obéissant à des considérations financières et diplomatiques, n'hésitait pas à se lancer dans une nouvelle voie, à proclamer son intention de ne plus se lier par des traités de commerce, et d'augmenter considérablement ses droits de douane.

Qu'avait fait la France depuis 1873 ? En 1875, le Gouvernement avait consulté les Chambres de commerce. Les avis avaient été partagés, sauf en Normandie et dans les départements du Nord. Les industriels revenaient avec les mêmes griefs qu'ils avaient exprimés lors de l'enquête de 1869. En 1876, le Conseil supérieur du commerce, de l'agriculture et de l'industrie, fut chargé d'élaborer un nouveau tarif général. Ce travail fut fait dans un esprit très libre échangiste. Le Conseil, dans la plupart des cas, transportait à notre tarif général,

les droits inscrits à notre tarif conventionnel. Comme
pour traiter, il faudrait nécessairement faire des concessions, c'était donc faire un pas de plus dans la voie du
libre échange. Mais le Gouvernement ayant changé, et
ses idées n'étant plus aussi accentuées dans le sens de
la liberté, il soumit à la Chambre un nouveau tarif dans
lequel les droits du tarif conventionnel étaient un peu
relevés. Une commission fut nommée, et les transactions qui eurent lieu entre elle et le Gouvernement donnèrent naissance à la loi douanière de 1881, loi qui portait sur l'ensemble des produits fabriqués venant de l'é-
tranger, une augmentation de 24 p. 100 sur notre tarif
conventionnel. Notre nouveau *tarif général* avait donc
l'allure d'un tarif nettement protecteur, cette augmentation de 24 p. 100 étant généralement celle que récla-
mait nos industriels.

L'industrie cotonnière en particulier semblait avoir
obtenu gain de cause. Cette augmentation de 20 à
25 0/0 correspondait à peu près aux avantages qu'a-
vaient sur nous les fabricants étrangers. Nous pourrons
nous en convaincre en nous rapportant aux chiffres que
nous avons cités précédemment. Ces 20 à 25 0/0 étant
ajoutés aux droits que portaient déjà le tarif conventionnel, nous nous trouvions revenus à la situation très
avantageuse que nous avions en 1859. En réalité, si le
tarif général avait été appliqué, nous aurions été replacés sinon en fait du moins en droit sous le régime des
prohibitions.

Avec les droits qu'il portait, nos industriels auraient été complètement à l'abri de la concurrence étrangère. Cependant, malgré ces apparences, les protectionnistes n'avaient obtenu qu'*un avantage absolument illusoire*, car le gouvernement avait déclaré qu'il se réservait le droit de conclure des traités en réduisant le tarif de 24 0/0. C'était dans ce cas le retour au *statu quo ante*.

En réalité c'est ce qui arriva et à part quelques augmentations sur le bétail et autres articles qui n'intéressent ni les textiles ni l'industrie du coton, les traités furent renouvelés sur les mêmes bases que les anciens. Bien plus, nous ne pouvions nous entendre avec l'Angleterre, qui refusait d'abandonner la tarification *ad valorem* qu'elle trouvait si avantageuse à cause de l'usage fait par ses commerçants de la double facture. Les négociations ayant été rompues le Gouvernement français fit voter une mesure du caractère le plus libéral. Par la loi du 27 février 1882, il accordait à l'Angleterre le traitement de la nation la plus favorisée.

C'était un retour au traité de 1860 ; cependant un décret du 18 septembre 1883 accordait aux fils de cotons écrus simples et retors des numéros 50 et au-dessus le bénéfice de l'admission temporaire, car il avait été établi qu'à l'égard de ces catégories de fils surtout, la différence entre les prix du marché étranger et du marché français était trop élevée pour que les fabriques françaises pussent soutenir la concurrence. Mais

G. B. 9

malgré cette disposition nous ne pouvons admettre,
comme on l'a souvent prétendu, que la France était en
1881 entrée dans la voie du protectionnisme. Notre industrie n'avait rien obtenu, *absolument rien*. Elle n'a
profité en aucune façon du tarif de 1881 et nous allons
la retrouver dans le même état de souffrance et de dé-
crépitude, dix années plus tard quand le Gouvernement se décida à ordonner une nouvelle enquête. enquête qui devait aboutir au régime de 1892, celui-là
véritablement protecteur et digne de porter ce nom.

C'est pour l'industrie cotonnière les débuts d'une
nouvelle ère de son histoire ; nous allons l'étudier.

CHAPITRE V

ÉTAT DE NOTRE INDUSTRIE EN 1890. — COMPARAISON DE
L'INDUSTRIE NORMANDE ET DE L'INDUSTRIE ANGLAISE
D'OLDHAM. — LE RÉGIME DOUANIER DE 1892.

—

Le nouveau tarif de 1881 n'avait donc rien changé
au régime de nos échanges avec l'étranger. Le Gouvernement, désireux de montrer sa bonne volonté libre
échangiste, avait traité en 1881 avec l'Italie, la Bel-
gique, le Portugal, les États Scandinaves; en 1882
avec l'Espagne et la Suisse ; en 1883 avec l'Autriche-
Hongrie, et nous avons vu que l'Angleterre, par une
loi spéciale, jouissait du privilège de la nation la plus
favorisée ! Cependant nos concurrents ne restaient pas
inactifs ; peu à peu ils réformaient leurs tarifs, qui de-
venaient de plus en plus protecteurs. Nous étions liés
pour dix ans par tous nos traités. Leur échéance arrivait pour la plupart en 1891-1892. Allions-nous dépasser cette échéance et rester indéfiniment dans le même
état ?

La date de reprendre notre liberté approchant, nous
assistons à une levée de boucliers des industriels, semblable à celle qui avait abouti à l'enquête de 1869.

Des ligues protectionnistes se formèrent dans tous les centres industriels. D'un autre côté, les députés des départements intéressés s'étaient fait élire en prenant pour plate-forme électorale la réforme, dans un sens protecteur, de nos droits de douane. Ils formaient à l'époque la majorité dans le Gouvernement. Le Ministre du Commerce, M. Jules Roche, consulta le Conseil supérieur du Commerce et de l'Industrie et l'invita à déposer un rapport sur la situation présente et à émettre un avis sur la conduite à suivre dans l'élaboration de nouveaux tarifs.

Le Conseil envoya un questionnaire très détaillé aux Chambres de commerce, aux Chambres consultatives des Arts et Manufactures, et — ce qui était une innovation — à un grand nombre d'associations commerciales et de syndicats professionnels, patronaux, et ouvriers. Conformément aux réponses reçues, il invita le Gouvernement : 1° à ne plus s'engager par des traités qui paralysaient notre action ; 2° à majorer nos tarifs en raison des élévations correspondantes faites à l'étranger et des besoins de l'industrie.

Le Gouvernement déposa un projet de loi le 20 octobre 1890. Dans l'exposé des motifs, nous trouvons de nombreuses allusions aux réclamations portées devant le Conseil du Commerce par l'industrie cotonnière. Ces revendications avaient été combattues très vivement par les fabricants de tissus mélangés, que tout nouveau droit sur les filés allait grever lourdement. Ceux-ci prétendaient que les importations de filés et de tissus avaient constamment diminué de 1881 à 1889. Leur valeur était en 1881 de 110 millions de francs. Elle était tombée en 1886 à 93 millions, et à 68 millions en 1889. Au contraire, pendant cette même période l'exportation des fils et tissus de coton avait passé de 91 millions en 1881 à 109 millions en 1886 et 117 millions en 1889. On avait répondu qu'une forte partie de l'exportation était destinée à nos colonies et à l'Algérie, et que si on défalquait ces destinations, l'écart entre l'exportation et l'importation était très peu considérable. Ce qu'il fallait regarder, c'était la diminution du nombre des broches qui témoignait des souffrances endurées depuis 1860. A cette époque, leur nombre était de 6 millions. Après la séparation de l'Alsace, il dépassait encore 5 millions. Le rôle des patentes en 1890 n'en comptait plus que 3,785,000 ! Il était vrai que de 1880 à 1890 la consommation du coton brut avait passé en France de 30 millions à 100 millions, mais cela tenait à ce que nous nous étions adonnés aux seuls genres lourds où pour nous la concurrence était moins écrasante, et aussi parce que les progrès de la filature permettaient, avec le même nombre de broches, de traiter une bien plus grande quantité de coton. Sans admettre dans leur ensemble les réclamations de l'industrie cotonnière, le Conseil avait décidé de demander l'augmentation des droits portés à notre tarif conventionnel. Le Gouvernement proposait des droits égaux à ceux de notre tarif général de 1881, et pour certains articles des droits un peu inférieurs.

La Commission des douanes fit déposer le 3 mars 1891 son rapport général par M. Méline, son président. Elle avait légèrement remanié les chiffres du Gouvernement, abaissant un peu les droits demandés pour les filés des bas numéros. Il en était de même pour certaines sortes de tissus.

Le rapporteur spécial pour la filature et les tissus de coton était M. Pierre Legrand. Son rapport est excessivement consciencieux et intéressant. Il nous montre en s'appuyant sur les chiffres les plus authentiques, l'état de notre industrie et en déduit la protection nécessaire à nos filateurs, non pas — et nous insisterons là-dessus — pour avoir une situation favorisée par rapport à l'étranger, mais une situation égale qui leur permette de lutter. Ce rapport de M. Legrand est tout imprégné d'un autre rapport, celui-là présenté au nom du Lloyd Rouennais par un des hommes les plus compétents en la matière, M. Yver, l'administrateur général des établissements normands Pouyer-Quertier.

Par la situation et l'expérience de son auteur, ce travail si précis et si détaillé, sur la situation de notre filature comparée à celle de nos voisins d'Outre-Manche, devait appeler l'attention de la Commission et peser d'un grand poids sur ses décisions. Nous ne pourrons donc puiser à une meilleure source pour exposer les difficultés auxquelles se trouve aux prises notre industrie quand elle veut engager la lutte avec l'Angleterre.

On avait souvent reproché aux producteurs normands d'être plus protectionnistes que leurs confrères des Vosges et de Roubaix. On leur attribuait un manque de courage et d'initiative et on prétendait que hantés du souvenir des prohibitions, ils ne voyaient le retour à la prospérité qu'au moyen de l'intervention de l'État. Nos autres centres cotonniers avaient souffert, mais moins que la Normandie, et on prétendait que cette meilleure situation venait de leur plus grand courage à lutter, et de leur plus grande confiance en eux-mêmes. Ils avaient amélioré leur outillage, avaient emprunté à l'étranger ses procédés et ils semblaient avoir réussi à se maintenir dans une situation sinon prospère, du moins possible. Le fait est que leurs réclamations étaient moins violentes que celles des Normands et qu'ils se seraient contentés d'une assez faible protection.

Nous examinerons en nous aidant du travail de M. Yver quelle est la situation de la Normandie, vis-à-vis de l'Angleterre. Nous allons voir qu'elle est tout à fait spéciale, et beaucoup plus mauvaise que celle des autres centres et nous nous efforcerons de démontrer par le calcul non seulement la légitimité des demandes de l'Industrie, mais même leur modération.

Comparaison de l'industrie normande avec l'industrie d'Oldham

Notre industrie cotonnière de l'Ouest avait en effet la mauvaise fortune de se trouver aux prises non seu-

lement avec l'ensemble de l'industrie anglaise, mais avec
une sorte de producteurs spéciaux, les filateurs d'Oldham dont la supériorité sur les autres filateurs anglais
était telle qu'ils avaient détruit toute concurrence
même sur leur marché national.

Les fabriques d'Oldham s'étaient spécialisées dans
les articles et les numéros de filés de la Normandie. En
1869, nous avons vu que cette province possédait
2,500,000 broches. En 1890, elle n'en avait plus que
1,420,000 soit environ 86 0/0 de moins. La filature des
autres régions avait moins souffert, leurs spécialités
étant fabriquées en Angleterre par des concurrents
beaucoup moins puissants que ceux d'Oldham. Il était
donc tout naturel qu'elles fussent moins exigeantes
dans leurs réclamations et qu'elles se contentassent
d'une majoration de droits sensiblement plus faible.
Puisque nous étudions spécialement l'industrie cotonnière normande, il nous faut étudier en détail l'organisation de l'industrie concurrente des Anglais, et voir
quels sont ses puissants moyens de production. Nous
examinerons ensuite quels sont ceux que nous pouvons
leur opposer. Nous n'aurons qu'à comparer les prix de
de revient d'un même numéro de filé à Oldham et à
Rouen. Les chiffres parleront d'eux-mêmes et nous
verrons que nos industriels n'ont demandé qu'une
protection strictement nécessaire pour arriver à approvisionner notre marché au même prix que leurs
concurrents anglais.

On a pu dire que les filatures d'Oldham n'étaient qu'une exception en Angleterre, et qu'on n'avait considéré qu'un cas très particulier. Il est facile de répondre qu'il y a là peut-être une exception, mais une exception monstrueuse puisque ces filatures représentent 6,000,000 de broches, tandis que la France entière n'en possède que 3,800,000 et la Normandie pas même un million et demi. Ajoutons qu'elles produisent presque exclusivement de la chaîne 28, numéro qui forme à lui seul 80 0/0 des importations françaises.

Les filatures d'Oldham et des environs sont au point de vue de l'organisation financière, d'un type que nous ne rencontrons pas en France, car il ne pourrait s'y former, à cause de la conduite différente de nos capitalistes. Chez nous, le capital est abondant, mais il est extraordinairement craintif, surtout en ce qui concerne les entreprises purement industrielles. Nous irons tête baissée jeter nos millions dans des entreprises étrangères, généralement minières dont le nom sonore et exotique est souvent la meilleure garantie de succès, mais un financier qui voudrait organiser des fabriques sur le modèle que nous allons décrire et qui fait la fortune de l'Angleterre, risquerait fort d'en être pour ses frais d'émission.

Le capital effectif des filatures d'Oldham est constitué en apports de trois catégories différentes :

1° Un capital actions très divisé, accessible par là même aux petites bourses. Les actions sont de 5 livres et

même moins, et généralement le montant nominal n'est
pas intégralement versé. On se contente de la moitié
ou des trois quarts.

2° Un fonds de roulement fourni par ce qu'en Angleterre, on appelle des « loans » ou obligations, mais
ces obligations sont très différentes de ce que nous appelons obligations en France. Ces loans ne semblent
être que des dépôts à un taux d'intérêt déterminé, dépôts qui sont toujours à la disposition des prêteurs, mais
qui ne jouissent d'aucune garantie spéciale. Cette
seconde partie du capital est encore très divisée puisqu'il ne semble pas que le chiffre des dépôts soit régle-
menté.

3° La troisième source de capitaux est l'emprunt hy-
pothécaire, auquel recourent la plupart des établissements dès la constitution même de la Société.

Quelles sont les conséquences de ce système ? La
division extrême du capital « actions » et du capital
« loans » permet aux ouvriers de devenir actionnaires
et obligataires. Ils *coopèrent* aussi à l'œuvre commune
d'une double manière, et en lui apportant des fonds et
en lui fournissant leur travail, qu'ils ont intérêt à rendre plus productif, puisque c'est de lui que dépendra
la rémunération de leurs capitaux.

L'obligataire porteur d'un « loan » a toujours, nous
l'avons vu, ses fonds à sa disposition ; c'est son seul
privilège, car nous avons dit qu'il n'avait pas de garantie spéciale ; le prêteur sur hypothèques, lui, a une

garantie sérieuse par les bâtiments et les machines sur lesquels il a son un gage. Tous deux prêteront donc leur argent à un taux très modéré, taux qui varie en fait de 3 à 4 0/0. Il en résulte qu'un établissement fondé dans ces conditions, n'est grevé que d'une façon très faible par la rémunération de son capital, ce qui diminue beaucoup ses frais généraux. A ces avantages financiers, viennent s'ajouter ceux que nous avons souvent signalés et qui sont propres à toute entreprise anglaise, le bon marché des constructions, du charbon, des machines, l'activité et les facultés productrices du personnel ouvrier, que n'atteignent généralement jamais les nations concurrentes. Cette productivité intensive de l'ouvrier anglais est encore augmentée dans les filatures d'Oldham par la coopération aux résultats de l'entreprise.

Pour pouvoir fabriquer à bas prix, il faut se spécialiser et écouler une même sorte de produits par fortes quantités. C'est une règle générale de la production industrielle. Or, le commerce de l'Angleterre est à la hauteur de son industrie. Des débouchés immenses sont ouverts aux industriels anglais, par lesquels ils écoulent leurs produits au fur et à mesure de leur production. Chez nous l'usine se compose toujours de deux parties distinctes : l'atelier où se fabrique le produit, et de grands magasins, ou hangars destinés à contenir le stock de marchandises et les réserves de matières premières et de combustible. En Angleterre, nous ne rencontrons

aucun de ces magasins annexes. Les marchandises sont
écoulées aussitôt fabriquées, le charbon se trouve pour
ainsi dire sous le sol de l'usine, et la matière première
se trouve toujours en quantité presque illimitée sur le
grand marché de Liverpool. D'où une triple économie
réalisée sur les fonds de roulement de la filature, sur
les frais de première installation, achat de terrain et
construction, enfin sur le personnel qui aurait été employé dans ces annexes.

Il y a encore une autre catégorie de bâtiments que
l'on ne retrouve pas dans les filatures d'Oldham, c'est
l'atelier de réparations. Nous avons déjà montré combien cet atelier est onéreux pour nos industriels qui
entretiennent un outillage coûteux et un personnel à
salaire élevé, d'ingénieurs et de mécaniciens.

A la suite des traités de 1860, l'industrie des machines à filer et à tisser a complètement disparu de notre
pays. A Oldham, au contraire, se trouvent les plus
grands constructeurs du monde. Les filatures emploient
leurs machines; elles trouvent donc immédiatement
et au meilleur compte les pièces de rechange ajus-
tées, prêtes à être mises en place. Enfin, comme dans
toute l'Angleterre, le terrain est loué à long bail
pour une redevance minime. L'établissement d'une
filature est donc réduit au minimum, les dépenses
d'exploitation courante aussi. Il en résulte un prix
de façon vraiment minimum unique dans le monde
entier.

Ce sont ces concurrents formidables contre lesquels la Normandie avait seule à lutter.

Ce prix de revient si bas, n'était dans de nombreuses circonstances même pas le prix offert sur notre marché. En effet, ces puissantes manufactures ont un besoin impérieux d'écouler leurs produits et si elles ne peuvent obtenir le prix qu'elles demandent, elles font des concessions, le prix de vente fût-il inférieur au prix de revient. Cette situation peut paraître extraordinaire. Elle tient à l'organisation même de ces sociétés. C'est du moins ce qui ressort d'un rapport adressé à la Commission royale pour l'enquête sur la dépression du commerce en Angleterre.

La concurrence d'Oldham, avant d'affecter notre marché, avait fait un tort immense aux autres filateurs anglais et en particulier à ceux de Preston qui s'étaient spécialisés dans les mêmes numéros. Le rapport précité recherche les causes de cette mévente des filés. Il les trouve dans la gestion financière de ces compagnies à responsabilité limitée. Il y a certaines règles admises pour établir les comptes d'une filature et en présumant que ces règles aient été bien observées, on ne pouvait se rendre compte des dividendes auxquels on arrivait ; plusieurs personnes soupçonnaient que les éléments du coût étaient, de façon ou d'autre, appliqués au capital ; et que quoique en apparence les amortissements fussent régulièrement faits chaque année, cependant, ils étaient largement rendus au revenu en augmentant le capital de sommes d'argent qu'on alléguait avoir été dépensées en nouvelles machines. Il en résultait que les dividendes étant accrus par ces manipulations plus ou moins licites, l'argent affluait aux fondateurs de toutes les parties de l'Angleterre et même du continent, et le rapport ne craint pas d'ajouter que la « création » des filatures d'Oldham a été pendant plusieurs années un « commerce » très profitable.

Il semble avoir été clairement démontré qu'on avait payé beaucoup de dividendes pris sur le capital ; le public, du reste, ne croyait pas que le capital versé eût la valeur qu'on lui attribuait dans les inventaires, puisqu'il laissait, malgré les dividendes, les actions de presque toutes les sociétés au-dessous du pair, enfin *les établissements étant là, il fallait bien les faire travailler, que ce soit à profit ou à perte, quand bien même les porteurs d'actions ou d'obligations y perdraient leur argent.*

Dans un mémoire fait en 1886 par M. Simpson sur ces mêmes filatures et sur le fonctionnement de la loi sur la responsabilité limitée, nous trouvons encore d'intéressants renseignements sur les pratiques financières de ces sociétés. A l'époque de leur fondation, de 1870 à 1880, les placements avantageux étaient très difficiles à trouver. Aussi les 10 0/0 de dividende sur le capital actions et les 5 0/0 sur le capital obligations, promis par les fondateurs, avaient-ils été pour les capitalistes une tentation irrésistible. Dès le début, on douta de la correction des inventaires. Après une étude prolongée, il fut publié des tableaux montrant qu'on n'avait, dans la plupart des cas, tenu aucun compte de l'amortissement nécessité chaque année pour renouveler le matériel et réparer les bâtiments, amortissement fixé à 5 0/0 par an. Dans 12 établissements fondés depuis 6 à 10 ans, la différence entre la valeur suivant inventaire et la valeur actuelle après dépréciation, monte au chiffre énorme de 439,755 livres sterling. Ces pratiques sont évidemment très malheureuses pour les actionnaires, mais leur sort intéresserait fort peu cette étude, si ce besoin impérieux de vendre pour donner quand même des dividendes n'affectait pas notre marché.

Mais nous avons cherché à nous rendre un compte exact des prix de revient des filatures anglaises qui nous occupent ainsi que de leurs frais de fabrication. Les documents auxquels nous avons puisé ont un caractère officiel. Ce sont ceux qu'elles publient tous les trois mois pour leurs actionnaires. Nous allons donc faire connaître aussi exactement que possible, pour un certain nombre de ces sociétés, le prix coûtant de l'établissement, l'importance et la composition de leurs capitaux, le montant de la main-d'œuvre et celui des frais généraux, enfin, le chiffre des amortissements opérés et celui des intérêts sur le capital employé.

1° *Prix de revient des établissements.* — Le premier de ces établissements fut fondé en 1871. Il possède

67,620 broches. En 1889, l'inventaire soumis aux actionnaires montre que depuis la fondation les fonds amortis ont été de . . . .   34.022 liv. ster.

et la quantité à amortir est encore

de . . . .   53.080 liv. ster.

ce qui suppose une dépense totale

de . . . .   87.102 liv. ster.

Soit . . . . . .   2.200.000 francs.

Si nous répartissons cette somme sur les 67,620 broches, nous voyons que la broche logée et prête à tourner avec toutes les machines préparatoires, et tout ce qui est nécessaire à son fonctionnement est revenue à 32 fr. 60.

Si nous faisons la même opération pour sept autres établissements construits de 1871 à 1874, nous trouvons pour le coût de la broche, le prix moyen de 32 fr. 80. Pour 2 établissements construits en 1883 et 1884 ce prix descend à moins de 28 francs.

Quand nous ferons la comparaison avec une manufacture française, nous prendrons comme type une filature montée en 1884, c'est-à-dire à l'époque la plus avantageuse, nous verrons que la broche n'est jamais descendue au-dessous de 48 francs. Il y avait donc en dernier lieu, une différence de prix de 40 0/0 à notre désavantage.

2° *Capital*. — Nous avons vu précédemment quelle était l'organisations financière de ces sociétés.

Citons quelques chiffres.

Un premier établissement s'est ainsi constitué :

Versement sur les actions.	36.000 liv. ster.
Loans	30.000 liv. ster.
	66.000 liv. ster.

Un second possède :

En capital action	56.000 liv. ster.
En loans	43.000 liv. ster.
En hypothèques.	35.000 liv. ster.
	134.000 liv. ster.

Nous pouvons remarquer avec quelle facilité on trouve en Angleterre des capitaux pour l'industrie. Voici un établissement pour qui on a versé 56,000 livres. Il trouve 43,000 de loans, prêtées sans garantie spéciale, et encore 35,000 livres sur hypothèque. Cette facilité permet d'avoir un très faible capital qu'on rémunère avec des dividendes. Ceux-ci peuvent donc être très élevés. En fait ils sont souvent de 8 0/0, 10 0/0 et même 12 0/0.

3° *Main-d'œuvre*. — Dans le rapport remis chaque trimestre aux actionnaires, se trouve indiquée exactement la somme globale des salaires payés.

On voit que suivant le numéro du fil fabriqué, les frais de main-d'œuvre varient de 23 1/2 à 29 centimes. La moyenne est d'environ 25 1/2 pour un numéro moyen de 33 1/4 (numérotage français).

Pour le n° 28 français qui donne lieu à 80 0/0 des importations en France, le prix descend à 21 centimes.

4° *Frais généraux.* — C'est sous le rapport des frais généraux que nos concurrents nous distancent le plus. Ces frais sont multiples et d'origine bien différente. Cependant partout nous sommes désavantagés et d'une façon considérable.

Tout ce qui sert à l'alimentation de la broche est beaucoup moins cher en Angleterre.

Les établissements d'Oldham emploient des charbons extraits dans le pays même, et qui coûtent normalement rendus à l'usine 6 à 7 shillings, c'est-à-dire 7 fr. 50 à 8 fr. 75 la tonne. A Rouen le charbon consommé vaut 20 à 22 francs et dans les centres moins bien desservis 25 à 26 francs. Ces prix sont des prix à la vérité très bas, mais s'il y a hausse en Angleterre, elle se répercute immédiatement en France et la différence se trouve rester sensiblement la même.

Les assurances contre l'incendie sont moins chères que chez nous, d'autant plus que la plupart des filatures sont construites de la manière dite « à l'épreuve du feu » et possèdent toutes les garanties désirables contre les sinistres.

L'éclairage soit au gaz, soit à l'électricité est très bon marché, grâce au charbon.

L'entretien des immeubles est peu important en raison de la qualité et du bas prix des matériaux. Pour le matériel, la différence est encore 'plus sensible. Nous avons déjà signalé l'absence des coûteux ateliers de réparation.

Sous le rapport des impositions, nous sommes aussi mal partagés à cause des charges énormes qui pèsent sur notre budget national.

Une filature, le Star, qui a coûté 134,500 livres, soit 3,400,000 francs a payé 5,050 francs d'impôts dans un trimestre, une autre, le Westwood qui revient à 1,560,000 francs a payé 2,450 francs. Nous verrons en étudiant les frais généraux de nos filatures, que ce chapitre de leurs dépenses est beaucoup plus élevé. Remarquons de plus que dans les sommes payées par les manufactures anglaises, comme frais généraux se trouve la location à long terme du terrain.

Pour les autres frais d'exploitation, les conditions ne sont pas plus favorables pour nous. Tous les produits, toutes les fournitures que consomme quotidiennement une usine, tels que courroies de transmission, papier, tubes de papier, fûts de bancs à broche, cardes, coûtent moins cher en Angleterre qu'en France. Du reste pour la plupart de ces objets, nous sommes tributaires de l'Angleterre. Nous devons donc les payer leur prix initial majoré de l'emballage, du fret, de l'assurance maritime, des frais de commission et des droits de douane.

D'après les divers inventaires anglais que nous avons eu sous les yeux, la moyenne de ces frais divers s'élève à 7 centimes par kilo de fil du numéro moyen 23 1/4, ce qui fait 5 centimes 3/4 environ pour du numéro 28. La différence à notre désavantage s'élève à 35 0/0.

Une grosse partie des frais généraux est l'amortissement. Nous avons vu que cette opération n'était pas toujours pratiquée très consciencieusement en Angleterre. Il semble que l'on s'efforce d'abord de donner de gros dividendes aux actionnaires, ce qui attire la petite épargne. Chez nous, c'est le contraire; si une année a été très bonne, nos industriels en profitent pour amortir une plus grosse somme. C'est évidemment plus moral et plus prudent, mais les actionnaires se trouvent bien moins facilement, et pour la matière que nous envisageons, c'est-à-dire l'intensité de la production, c'est là, le point important.

La moyenne des amortissements des filatures d'Oldham n'atteint pas 2 1/2 0/0. Chez nous la coutume est de compter dans le prix de revient 2 1/2 0/0 sur les immeubles et 7 1/2 0/0 sur le matériel, ce qui fait une moyenne de 5 0/0. On pourra nous dire que la pratique anglaise pousse à la ruine, que ces fabriques vivent sur leurs capitaux, et que la faillite les attend. C'est vrai, mais cela n'avance pas notre industrie, au contraire! nous avons vu que les filatures qui sont pressées par le besoin de rentrées de capitaux, vendent à n'importe quel prix, et supposons qu'elles aient fait faillite : leur matériel trouvera toujours acquéreur à un prix très bas, lequel acquéreur voyant ses frais généraux encore diminués en raison du faible prix d'achat de l'usine, sera un concurrent encore plus redoutable pour nous.

Pour nous résumer, nous avons vu que le prix de façon total du kilogramme de fil 28 était à Oldham :

Pour la main-d'œuvre, de. . . . . . 21 centimes

Pour les frais généraux, de. 22   —

Soit un total de . . . . 43 centimes

Examinons maintenant quelles sont les conditions d'exploitation de nos filatures françaises.

1° *Point de vue financier.* — Pour parler de la fondation d'une filature montée par actions en France, il il faudrait d'abord pouvoir la fonder. Or c'est malheureusement une entreprise des plus difficiles et je crois qu'on en trouverait à peine quelques exemples en Normandie, encore ne sont-ce que des sociétés, prospères, que leurs propriétaires ont mis en action, ce qui n'est plus du tout la même opération que celle que nous avons étudiée en Angleterre. Les capitaux fuient chez nous l'industrie cotonnière et, avouons-le, ils n'ont pas tort, car elle n'est en général pas rémunératrice. Aussi le nombre des broches avait-il beaucoup diminué en 1890. Enfin supposons qu'on ait pu trouver l'argent nécessaire à fonder un établissement. Cet argent ne sera sûrement pas en quantité suffisante pour faire aussi grand que chez nos voisins. Nos filatures ont généralement de 10 à 15,000 broches, et c'est insuffisant pour réduire à leur minimum leurs frais d'exploitation. Nous avons vu que les Anglais peuvent à cause de l'immensité de leurs débouchés se spécialiser dans tel ou tel numéro ; chez nous le commerce n'est pas beaucoup plus robuste que l'industrie. Pour faire un chiffre d'affaires suffisant, il nous faut vendre une multitude de numéros différents, circonstance très défavorable pour produire à bon compte.

Le terrain chez nous ne se loue pas à long terme. Il faut l'acheter et généralement fort cher en raison de la valeur de la terre au point de vue agricole (surtout en Normandie), d'où une forte immobilisation du capital. Les constructions sont beaucoup plus chères et plus importantes, en raison des magasins annexes pour les diverses réserves et le stock qui sont nécessaires. Cette série de constructions coûteuses renchérit beaucoup le prix de la broche.

Notre main-d'œuvre est moins productive qu'en Angleterre.

L'ouvrier français a des qualités immenses. Il est intelligent, il a de l'initiative, un goût souvent très sûr et raffiné, un attachement très grand à l'atelier où il travaille depuis longtemps. En un mot c'est un homme agissant et pensant, tout le contraire d'une machine. C'est ce qui fait notre supériorité, dans les industries de luxe, partout où ces qualités que nous venons de citer sont nécessaires ; c'est ce qui a donné naissance aux magnifiques productions d'art des siècles passés. Malheureusement dans une industrie toute mécanique comme l'industrie cotonnière, notre génie national ne trouve pas matière à s'exercer utilement. Il nous manque cette activité quasi mécanique de l'ouvrier anglais, cette ténacité et cette attention à la tâche qui sont les facteurs d'une production intense.

Nous avons aussi le service militaire qui vient enlever à l'atelier les jeunes gens au moment même où ils commencent à être de bons ouvriers. Quand ils retournent au bout de trois ans, d'une vie active et passée au grand air, ils ont généralement perdu toute habileté professionnelle et ont grand peine à se réhabituer au régime sédentaire de l'usine.

Nous avons dit que l'industrie des machines à filer avait disparu de notre pays. Il nous faut donc tout acheter en Angleterre, et supposons que nous achetions aussi bien que nos concurrents anglais qui achètent par bien plus grosses quantités, nous avons à subir une majoration considérable par le fait même de l'importation.

Nous avons à payer le graissage des pièces et l'emballage qui coûtent 10 0/0 12 0/0 et même dans certains cas jusqu'à 15 0/0 du prix d'achat, le transport à la gare, le port par chemin de fer jusqu'au lieu d'embarquement, le fret et l'assurance maritime ; à l'arrivée en France, les droits de douane, les frais de visite, ceux de l'embarquement, enfin le camionnage et les frais de déchargements à l'usine, souvent même il faut ajouter des frais de transport en chemin de fer quand l'usine ne se trouve pas à Rouen et sur le bord de la Seine. Ce n'est pas tout : on ne peut envoyer des machines aussi compliquées toutes montées. Ce montage ne peut être fait que par des ouvriers de l'usine qui a vendu la machine. Il faut les faire venir d'Angleterre et payer leurs frais de séjour et leur salaire qui est toujours très élevé. Le tout représente une majoration de 25 à 30 0/0.

Recherchons comme nous l'avons fait pour les filatures anglaises le prix de revient d'établissement, et le prix de façon du produit.

Nous trouvons dans les dépositions recueillies aux commissions d'enquête de 1870 et 1879 des renseignements très complets sur le prix de revient de la broche dans notre pays.

En 1860 une filature fondée à Oissel avait coûté 52 fr. 50 la broche. L'auteur de la déposition, M. Fauquet établit qu'elle eût coûté, en 1873, 67 fr. 50.

En 1868, un autre industriel M. Pinel avait fondé une filature qui lui était revenue à 53 francs la broche. Huit ans après, en 1876 il agrandit son usine : la broche lui revint alors à 63 francs. Une filature montée en 1874 par MM. David Trouillet et Adhémar revint à 75 francs la broche. Enfin en 1876, la société Segfried frères et Cⁱᵉ atteignit 76 francs la broche. Dans cette période de 18 années, la moyenne est donc de 65 fr.

A partir de 1878, il y eut une tendance à la baisse qui s'accentua encore en 1883 et 1884. Mais cette même baisse avait lieu aussi en Angleterre et la distance restait la même, qui nous séparait de nos concurrents.

Pour montrer de quoi se compose le prix d'une broche nous allons établir le devis d'une manufacture française, nous prendrons les conditions les plus favorables. Nous nous baserons sur les prix de 1883-84 et nous supposerons un établissement aussi important que les établissements anglais et qui fabrique uniquement du fil n° 28 en bobines.

Voici d'après M. Yver ce que coûterait chez nous une usine de 28,000 broches dans les conditions les plus favorables.

DEVIS D'UNE FILATURE FRANÇAISE DE 28,000 BROCHES POUR FILER LA BOBINE N° 28 FRANÇAIS.

Production par broche et (an. .   20 kilos.

—   par jour . . . . . .   1.800   —

—   par an . . . .   550.000   —

1° Terrain.

1 hectare 1/2 soit 15,000 m. à 4 fr.   60.000 fr.

2° Bâtiments.

Rez-de-chaussées de 7,000 m. q. pour mélanges, batteurs, préparation, filature, emballage, chaudières, soit à 35 fr. le mètre cube. . . . .   245.000 fr.

Bâtiment de machine à vapeur non compris les massifs. . . .   40.000 fr.

Maison de concierge et bureau. .   15.000 fr.

Maison de directeur	20.000 fr.
Clôtures, grilles, cours.	10.000 fr.
Cheminée et carreaux	8.000 fr.
Cave à charbon.	Mémoire
Magasins et hangars 1,000 m. q.	20.000 fr.
Appareils mécanique de levage et manutention.	5.000 fr.
Puits, conduites d'eau et imprévu	27.000 fr.
	390.000 fr.

3° Chaudières.

3 chaudières de chacune 100 m. c. de surface de chauffe, ensemble 300 m. (165 fr.)	50.000 fr.
Appareil Green.	12.000 fr.
Massifs de chaudières	15.000 fr.
Appareils de sureté, tuyauterie. .	15.000 fr.
Epurateur d'eau d'alimentation. .	4.000 fr.
Imprévu.	3.000 fr.
	99.000 fr.

4° Machine à vapeur et transmissions.

Une machine à vapeur de 450 montage compris	70.00 fr.
Grosses transmissions et transmission de l'usine, cables, etc . .	50.000 fr.
	12.000 fr.

5° Éclairage et chauffage.

Eclairage électrique de 350 lampes avec leur moteur spécial à 55 fr. et divers.	20.000 fr.
Chauffage :	20.000 fr.
	40.000 fr.

6° Matériel.

2 ouvreuses à 4,500 fr.	9.000 fr.
2 batteurs doubles à 4,500 fr. . .	9.000 fr.
2 batteurs simples à 3,500 fr. . .	7.000 fr.
50 cardes à 3,000 fr.	150.000 fr.
4 laminoirs (72 têtes) à 250 fr. . .	18.000 fr.
304 broches bancs à broches en gros à 46 fr.	14.000 fr.
660 broches bancs à broches intermédiaires à 40 fr.	26.400 fr.
2,080 broches bancs à broches en fin à 30 fr.	62.400 fr.
28,000 broches à filer (20 métiers à filer de 1,000 broches à 8 fr.	224.000 fr.
Matériel accessoire	50.000 fr.
	569.000 fr.

7° Atelier de réparations.

	25.000 fr.
Total.	1.303.000 fr.

> Auquel il faut ajouter l'intérêt du
> capital pendant la construction
> 6 mois à 5 0/0 sur 1,300,000   32.500 fr.
> _____
>
> Ce qui donne un total général de   1.336.300 fr.
> _____

Soit 47 fr. 70 par broche.

En réalité ce chiffre est trop faible et la broche re-
viendrait de 48 à 49 francs, mais adoptons ce chiffre
de 47 fr. 70, que donne le devis détaillé que nous venons de dresser. Or nous avons vu que la broche était
revenue à la même époque en Angleterre à 28 francs,
soit un écart de 18 francs, soit à 40 0/0 moins cher que
chez nous.

Voici quelles sont les conditions d'établissement. Passons à celles d'exploitation.

Nous avons dit que l'ouvrier français ne pouvait dans
le même temps produire autant que l'ouvrier anglais.
La différence est très sensible. Aussi pour une filature
de 28,000 broches, il nous faut 126 personnes. Il y a à
Oldham une filature de 80,000 broches qui n'emploie
que 202 personnes. La proportion est loin d'être la
même. Cela fait en Angleterre une personne employée
pour 396 broches, et en France pour 222 broches.

La question des salaires n'a pas d'importance ici, car
ils sont à peu près les mêmes dans les deux pays.

Voici quel serait l'emploi des 126 personnes dans
cette filature française de 28.000 broches.

Mélange et Batteurs.

1 mélangeur.	3f 60	
1 aide	2 75	
2 femmes aux ouvreuses à 2 fr. 25 .	4 50	
2 femmes aux batteurs étaleurs à 2 fr. 25	4 50	
2 femmes aux batteurs finisseurs à 2 fr. 25	4 50	
		19f 85

Carderie.

1 contremaître.	6f 50	
1 régleur	4 75	
1 débourreur	3 75	
1 aide	3 25	
2 porteurs de rouleaux à 2 fr. 75 . .	5 50	
3 veilleurs de carde à 1 fr. 75 . . .	5 25	
		29f »

Préparations.

4 femmes aux étirages	0f 00	
4 femmes aux bancs à broche en gros à 3 fr.	12f »	
3 femmes aux bancs à broches intermédiaires à 3 fr. 25	9 75	
3 fillettes aux bancs à broches intermédiaires, aides à 1 fr. 50 .	4 50	
7 femmes aux bancs à broches en fin à 3 fr.	21 »	
6 fillettes aux bancs à broches en fin, aides à 1 fr. 50	9 »	
1 porteur de préparations	3 »	
		69f 25

Filature.

1 contremaître de filature	7ʲ	»
1 aide	5	»
14 fileurs à 5 fr.	70	»
14 rattacheurs à 3 fr.	42	»
14 rattacheurs à 2 fr. 50	35	»
14 bobineurs à 1 fr. 75	24	50

183ʲ 50

Divers.

2 chauffeurs à 6 fr.	12ʲ	»
1 mécanicien	7	»
1 graisseur	4	»
5 emballeuses à 2 fr. 25	11	25
2 hommes de cour à 3 fr. 50 . . .	7	»
1 porteur de fil	3	50
1 emballeur de déchets	3	»
1 veilleur de nuit	3	50
Concierge, remplaçants, apprentis. .	13	50

64ʲ 75

Bureaux.

1 directeur	25ʲ	»
1 commis de magasin	6	»
1 caissier comptable.	10	»
1 aide comptable	6	»

47ʲ »

Soit. 413ʲ 35

pour 1,800 kilos. ou par kilo 22ᶜ 96.

Pour les frais généraux, notre infériorité est encore plus considérable. Elle porte, comme nous l'avons indiqué plus haut, sur l'entretien des immeubles, des assurances, le prix du combustible, le chauffage, l'éclairage, et surtout l'amortissement et les intérêts.

Voici l'état détaillé approximatif des frais généraux de la filature de 28,000 broches, chaîne n° 28, pour une production de 550,000 kilos *par an* :

Charbon.

Moteur de 450 chevaux :

5.400 k. *par jour*.	1.120 tonnes	} *par an.*
Chauffage	80 tonnes	

1.700 tonnes à 20 fr. = 34.000 fr.

Entretien.

Du matériel :

3 hommes.	4.500 fr.	}
Fers, fonte, bois.	2.500 fr.	} 8.500 fr.
Quincaillerie.	1.500 fr.	}
Du moteur et des transmissions.		1.000 fr.
Des immeubles.		3.500 fr.

13.000 fr.

Assurances.

Contre incendie.	3.600 fr.
Contre accidents : 124.000 fr. à 0,40 0/0	500 fr.

4.100 fr.

Eclairage.

Dépense de charbon pour
le moteur . . . .   1.080 fr. ⎫
Entretien et remplacement   ⎬ 2.080 fr.
des lampes. . . . . . .   1.000 fr. ⎭

Impositions . . . .   8.000 fr.

Divers.

Cordes et câbles. . . . .   7.000 fr.
Cardes. . . . .   3.000 fr.
Cuirs et courroies. . . . . ,   3.000 fr.
Graissage. . . . .   6.000 fr.
Brosserie et objets de nettoyage . . . .   4.000 fr.
Papiers et tubes de papier . . . .   6.100 fr.
Camionnage . . . .   6.000 fr.
Médicaments, allocations aux ouvriers
malades . . . .   1.500 fr.
Couvertures de cylindres. . . . .   5.000 fr.
Vannerie. . . . .   1.200 fr.
Caisses pour emballage. . . . .   11.000 fr.
Frais de bureau, affranchissement, frais
de voyage . . . .   16.000 fr.
                                        69.800 fr.

Intérêts à 5 O/O.

Sur   1.304.000 fr. représentant l'établissement.
Sur   400.000 fr.   —   les fonds de roulement.

    1.704.000 fr.   soit. . . .   85.200 fr.

Amortissement.

Bâtiments : 390,000 fr. à 2 1/2 0/0. .   9.750 fr.

Matériel : 854.000 fr. à 7 1/2 0/0. . .   64.050 fr.

                                                 73.800 fr.

Si nous faisons la somme de tous ces frais généraux, nous obtenons la somme de 289,980 fr., ce qui grève chaque kilogramme de filé de 55 cent. 72.

Ajoutant au prix de la main-d'œuvre par kilo, nous aurons comme prix de façon :

Main-d'œuvre. . . . .   22 cent. 96

Frais généraux. . . . .   52 cent. 72

nous avons le prix global de . . . . . .   75 cent. 68

Soit, en chiffres ronds, 75 centimes.

Or nous avons vu qu'en Angleterre le prix de façon par kilo était de 42 cent. ou 45 cent. pour être large. Nous avons donc une différence de 30 cent. à notre désavantage, mais ce n'est pas tout.

A côté du prix de fabrication, il y a le prix de la matière première, et les conditions plus ou moins avantageuses auxquelles un industriel peut se la procurer. Or l'industriel français n'achète pas le coton à si bon compte que son concurrent anglais. On a prouvé dans toutes les enquêtes faites sur cette question que le coton d'Amérique était en moyenne 3 francs meilleur marché par 100 kilos à Liverpool qu'au Havre. C'est un fait très naturel et qui tient à des causes multiples. D'abord la surtaxe d'entrepôt qui protège le marché français et qui est précisément de 3 francs, puis sur le marché anglais bien plus considérable que le nôtre, se trouvent de nombreux détenteurs de marchandises. Dans le nombre il s'en trouve toujours qui ont des raisons personnelles de se montrer plus accommodants que d'autres, qui sont « plus échangistes ». D'où une certaine baisse dans les prix, d'environ 3 centimes par kilo.

Nous avons encore contre nous un autre élément d'infériorité dont on ne tient souvent pas assez compte.

L'industriel anglais monte avec un même capital un nombre de broches très supérieur au nôtre. Il pourra donc, tout en obtenant une rémunération de ce capital égale ou même supérieure, se montrer beaucoup moins exigeant sur le bénéfice à obtenir sur chaque kilo de filé.

Pour mieux nous faire comprendre, prenons des chiffres.

Prenons, pour avoir un nombre rond, le capital d'un million employé en France et en Angleterre à créer une filature.

La broche revient en France à 48 francs. On montera donc avec 1 million 21,000 broches qui feront annuellement, à raison de 20 kilos par broche, 420,000 kilos de filé.

En Angleterre le prix d'une broche n'étant que de 28 francs, l'industriel, avec son million de capital, pourra monter 36,000 broches. La durée du travail étant moindre en Angleterre qu'en France, la broche ne produit guère que 18 kilos 500 par an, mais, cependant, ces 36,000 broches produiront encore 600,000 kilos.

Le fil français reviendra donc, si nous supposons le coton (déchet déduit) à 1 fr. 60 le kilo, à 1,60 + 0,75 de façon, c'est-à-dire à 2 fr. 35.

Le fil anglais reviendra, lui, à 1 fr. 57 de coton — nous avons vu que la matière première est moins chère de 3 francs par 100 kilos — auquel on ajoute 0 fr. 45 de façon, soit : 2 fr. 02.

Si les deux industriels veulent obtenir un même bénéfice, que nous supposons de 5 p. 100, soit 50,000 fr. pour 1 million, il faudra que le fabricant français gagne par kilo $\dfrac{50,000 \text{ fr.}}{420,000 \text{ kil.}}$ soit 11 cent. 90 ou 12 centimes ; l'anglais pourra se contenter de $\dfrac{50,000 \text{ fr.}}{600,000 \text{ kil.}}$ soit 7 cent. 50 par kilo.

Mettons 8 centimes.

En France le prix du kilo de filé sera de 2 fr. 35 + 0 fr. 12 soit 2 fr. 47.

En Angleterre de 2 fr. 02 + 0 fr. 08, soit 2 fr. 10.

La différence est donc de 37 centimes et ce pour la même rémunération du capital.

Ces 37 centimes par kilogramme de filé représentent donc exactement le droit protecteur nécessaire pour permettre à nos industriels de lutter à armes égales sur notre marché. C'est la protection à la limite minimum, protection à laquelle on ne peut attacher au-

cune idée de privilège comme le prétendent les libres échangistes. Elle ne détruira pas la concurrence, *mais la permettra*, ce qui est tout à fait différent.

Cependant nous rencontrerons ici une objection que nous poserons certainement les partisans de la liberté.

Ces chiffres que nous avons donnés, ces prix de revient que nous avons établis s'entendent pour des marchandises sortant de l'usine.

Or, les marchandises françaises doivent profiter sur le marché national, des frais de transport à l'étranger, des assurances maritimes, du fret, etc.

Or ces frais peuvent être très importants. Nous avons vu que le charbon anglais qui vaut 8 francs sur le carreau de la mine, monte à 22 ou 24 francs, porté dans nos usines de Normandie. Nous répondrons à cela :

Pour le coton, marchandise peu lourde et peu encombrante relativement à sa valeur et dont le transport est du reste favorisé par des tarifs intelligemment élaborés par les compagnies étrangères, les frais d'importation sont très faibles.

Les tissages des Vosges étaient, avant la création des filatures d'Oldham, les meilleurs clients de la Normandie. Depuis, celle-ci ne leur vendait presque plus de chaînes 28, et c'est ce qui explique la disparition des deux tiers des broches.

Voici quels sont les prix de transport pour du filé expédié de Rouen dans les Vosges (localité imaginaire située à une distance moyenne) et pour du filé expédié d'Angleterre au même endroit. Nous allons voir que la différence de prix est bien minime.

1° Filé expédié de Rouen dans les Vosges.

Prix de revient du fil 2ᶠ 35
Escompte 2   0/0
45 jours. . . . . » 3/4   0/0
Commission de banque . . . . » 1/16 0/0
                                      _____
                                      2ᶠ 13/16 0/0

sur 2ᶠ 35 par kilo, 0ᶠ 065.

Port 68 fr. par tonne sur un poids brut de 130 kilos représentant sur le poids net de 110 k.. par kilo.   0ᶠ 080
Emballage 0 025
                          Par kilo. 0ᶠ 105
Ajoutons les frais d'escompte et de banque.   0 065
Nous aurons 0ᶠ 170

2° Filé expédié d'Angleterre dans les Vosges.

Prix de revient du fil 2ᶠ 02
Escompte 2   » 0/0
45 jours. . . . . » 3/4 0/0
Assurance maritime . . . . » 1/8 0/0
Commission de banque. . . . . » 1/8 0/0
                                      _____
                                      3ᶠ   » 0/0

sur 2ᶠ 02 . . . .   0ᶠ 060
Fret et par chemins de fer *belges*. 0 090
Emballage 0 030
                                      _____
ce qui fait par kilo 0ᶠ 180

Nous avons donc *un* centime par kilo en notre faveur. Si l'on se souvient qu'en calculant les prix de
façon pour la chaîne anglaise, nous avons arrondi les
chiffres et mis 45 au lieu de 42, et que les filateurs anglais n'hésitent pas à vendre *sans bénéfice* s'il le faut,
on voit que cette différence minime est complètement
annulée.

Nous n'avons parlé que du n° 28. Il serait facile de
faire les mêmes calculs pour un autre numéro, le n° 16
en bobines, par exemple, que notre pays produit aussi
en très grandes quantités, et d'établir de la même façon
le degré de protection minimum nécessaire pour que
nous puissions lutter avec nos concurrents.

Pour une filature de n° 16 de 21,600 broches, la dépense approximative serait la suivante :

Terrain	60.000 fr.
Bâtiments	380.000 fr.
Chaudières et tuyauterie.	99.000 fr.
Machines à vapeur et transmission	115.000 fr.
Éclairage	20.000 fr.
Chauffage	20.000 fr.
Matériel	670.000 fr.
Atelier de réparations	25.000 fr.
Intérêts pendant la construction .	35.000 fr.
Total	1.424.000 fr.

Ce qui met la broche à 65 francs 90, en chiffres ronds
66 francs.

Cette filature de 21,600 broches produirait environ 3,000 kilos par jour, soit 300,000 kilos par an.

Nous avons trouvé pour la broche n° 28 le prix de 48 francs. Nous voyons que la broche filant le n° 16 coûte beaucoup plus à établir. Ce n'est évidemment pas la broche en elle-même, l'instrument qui file le coton, qui est plus cher pour le n° 16 que pour le n° 28. Mais il faut remarquer que pour filer un fil deux fois plus gros qu'un autre et de même longueur, il faudra préparer un volume et un poids de coton deux fois plus grands, ce qui nécessite une plus grande quantité de machines prépareuses, ouvreurs, batteurs, cardeurs, d'où une plus grande superficie de bâtiments à construire et une plus grande force motrice.

Pour le prix de façon, la proportion se trouve renversée ; il est moins cher pour le n° 16 que pour le n° 28. Nous trouvons, en effet, que les frais sont, par kilo de coton filé en bobine n° 16, de 54 c. 43, se répartissant comme suit :

Main-d'œuvre. . . . .   16ᶠ 60 par kilo.
Frais généraux . . . .   37 83   —
                    Total . . . . .   54ᶠ 43 par kilo.

Ce résultat, on se l'expliquera facilement en songeant que pour un même espace de temps, la broche n° 16 file un poids de coton supérieur à la broche 28. Les salaires et les frais généraux se répartissent donc sur un plus grand nombre de kilos.

Tout ce que nous venons de dire sur la fabrication des gros filés en France, s'applique à l'Angleterre d'une manière rigoureuse. La broche n° 16 revient en Angleterre à 38 francs 50, soit 39 francs. C'est le même rapport qu'en France, c'est-à-dire le rapport de 66 à 48. De même pour le prix de façon ; le 28 revient comme nous l'avons vu à 45 cent., le 16 ne revient qu'à 33 cent. C'est encore le même rapport que chez nous.

Avec ces données, nous allons trouver de suite le droit compensateur que nous cherchons.

Supposons comme tout à l'heure un capital de un million. On monterait en France avec ce million, à raison de 66 francs la broche, 15,000 broches produi-640,000 kilos à raison de 42 francs 50 par broche et par an. En Angleterre, avec cette même somme, à raison de 39 francs la broche, on montera 25,000 broches produisant 975,000 kilos, à raison de 39 kilos par broche et par an (1).

Pour faire un bénéfice de 5 0/0 soit 50,000 francs par an, le filateur français devra prélever sur chaque kilo vendu un bénéfice de $\dfrac{50,000 \text{ fr.}}{640,000 \text{ kilos}} = 7$ c. 75 ou 8 c.

Le filateur anglais en se plaçant dans des conditions identiques pourra se contenter de gagner

(1) Nous avons vu qu'en raison du temps de travail plus faible en Angleterre qu'en France, la broche anglaise était moins productrice que la nôtre.

$$\frac{50,000}{975,000} = 5,15, \text{ soit 5 centimes.}$$

Le filateur français devra vendre son fil au prix suivant :

Coton (sans déchet)	1ʳ 50
Façon . . . . ˙. .	0 54
Bénéfice	0 08
	2ʳ 12

Et le filateur anglais :

Coton	1ʳ 50
Façon	0 33
Bénéfice	0 05
	1ʳ 88

La différence les deux prix est de 2 fr. 12 — 1 fr. 88, soit 24 centimes. Ce chiffre de 24 centimes, est le droit compensateur cherché.

En réalité, ce droit serait un peu faible, car toutes les données dont nous nous sommes servi pour établir les frais sont excessivement basses et représentent plutôt des minima que des moyennes.

En faisant le calcul que nous avons fait pour les numéros 28 et 16 pour des filés allant jusqu'au n° 40, c'est-à-dire pour ceux qui sont de fabrication courante en Normandie, voici en traduisant les numéros de filés par des longueur en mètres par kilo, ce qui parle le mieux à l'esprit, ce que l'on obtient comme droit compensateur nécessaire.

Fils de coton simples écrus mesurant au kilogramme
     41,000^m, au moins :   0'24 par kilo.

plus de 41,000   pas plus de 50,000 : 0 30   —
   —   51,000   —   61,000 : 0 35   —
   —   61,000   —   71,000 : 0 40   —
   —   71,000   —   81,000 : 0 47   —

Ces droits compensateurs sont calculés, sans tenir compte d'aucun droit sur le coton brut.

Tout ce que nous venons de dire sur la filature nous dispensera de longues explications sur le tissage et sur les autres industries qui s'y rapportent. Nous avons du reste déjà traité cette question quand nous avons étudié la situation en 1869. Nous retrouverions et les mêmes éléments du prix de fabrication et par conséquent les mêmes raisons d'infériorité.

La Chambre de commerce de Rouen, en répondant au questionnaire, avait relevé la marche des importations et des exportations depuis 1847 jusqu'en 1888. Dans les chiffres qu'elle fournit, elle a soin de ne pas comprendre les tissus expédiés de France en Algérie ni les envois reçus directement de l'étranger par cette colonie.

Dans les dix années 1847 à 1856, l'importation moyenne annuelle avait été de 809,000 francs et l'exportation de 755,790 francs. Différence en faveur des exportations : environ 43,000 francs.

Pendant les quatre années 1857 à 1860 qui ont précédé les traités, l'importation moyenne était de 1,600,000 francs et l'exportation 51,200,000 francs. Différence en faveur des exportations 49,600,000 fr.

De 1861 à 1870, nous avons :

Importations.	18.800.000 fr.
Exportations	51.600.000 fr.
Balance en faveur des exportations.	32.800.000 fr.

De 1871 à 1880, nous avons :

Importations.	75.000.000 fr.
Exportations	47.000.000 fr.
Balance en faveur des importations.	20.800.000 fr.

Enfin de 1881 à 1888, nous avons :

Importations. . . . . . :	70.000.000 fr.
Exportations	75.600.000 fr.
Balance en faveur des exportations.	5.600.000 fr.

Remarquons donc qu'avant les traités la France exportait pour une cinquantaine de millions de tissus de plus qu'elle n'en importait et que trente années après nous n'exportions que pour une somme de 5 à 6 millions supérieure à celle de plus que nos importations, après avoir passé par une période décennale ou la balance se trouvait renversée de près de 30 milliards au profit de l'industrie étrangère.

La Commission se rangeant à l'avis du Conseil supé-

rieur et des intéressés demandait une augmentation
générale des droits pour toutes les sortes. Elle rema-
niait un peu les chiffres fournis le Gouvernement mais
plutôt avec une tendance à l'augmentation.

Nous pouvons remarquer, en consultant le tarif douanier, que les droits croissent très vite avec la finesse.
Les éléments sur lesquels la taxe est établie sont le poids
du tissu calculé aux 100 mètres carrés, et le nombre de
fils de chaîne et de trame contenu dans 5 millimètres
carrés. Le droit sur le tissu doit représenter deux éléments distincts : 1° la protection accordée aux filés qui
ont servi à sa fabrication ; 2° le droit compensateur des
différences qui existent entre le prix coûtant en France
et le prix coûtant à l'étranger.

Or, compter le nombre de fils compris dans un
espace donné est un moyen sûr et mathématique d'ap-
précier le coût et la difficulté de la fabrication. Plus ce
nombre de fils est élevé, plus le tissu est serré et plus
il « duite », suivant l'expression consacrée, mais aussi
moins la production du métier en mètres sera grande
et plus la façon payée en salaire à l'ouvrier pour un
même métrage sera forte.

Cette différence de prix de fabrication, il est absolument nécessaire qu'un droit de douane bien établi en
tienne compte, et de même que dans les filés la protection devra croître avec la finesse, de même dans les
tissus elle devra être augmentée suivant le nombre de
fils compris dans une même surface.

Pour les tissus imprimés, la Commission acceptait les chiffres du Gouvernement sans y rien changer.

Les rouenneries avaient été jusque là dans nos différents tarifs confondues avec les tissus teints en pièces. Toute la région normande avait réclamé, devant le Conseil supérieur, un supplément des droits. Elle avait fait fort justement remarquer que ces fabrications exigent un matériel beaucoup plus considérable et plus coûteux que le tissage de l'écru, que la main-d'œuvre y est beaucoup plus importante, enfin que le prix de façon est très supérieur parce que les métiers ne peuvent battre aussi vite. La Chambre de commerce de Roanne s'était jointe à celle de Rouen et demandait pour les tissus formés de fils teints appelés « Zéphyrs » et pesant de 7 à 11 kilos des droits variant de 210 à 300 francs. Le Gouvernement sans aller aussi loin avait donné satisfaction à ces désirs dans une large mesure et la Commission n'avait rien cru changer à ses propositions.

La discussion à la Chambre du projet relatif aux filés donna lieu à une très vive discussion. La Commission ne put faire voter les chiffres qu'elle proposait, la Chambre ayant paru céder aux instances des députés qui représentaient les régions où on fabrique les tissus mélangés. Elle dut abaisser les droits pour les filés des numéros les plus gros. Néanmoins, les chiffres votés sont un peu supérieurs à ceux que nous avons établis par le calcul et considérés comme des minima. Ils sont donc suffisamment protecteurs.

Le grand argument des adversaires du tarif fut celui-ci : vous voulez donner aux filateurs 33 0/0 de protection quand vous n'accordez que 12 0/0 à la viande et 24 0/0 au blé. Or les éleveurs et les agriculteurs sont bien plus intéressants que les filateurs qui se plaignent toujours et qui au fond gagnent beaucoup d'argent. C'est M. Ricard, député de la Seine-Inférieure, qui dans un magistral discours répondit à ces insinuations.

On a dit que le droit demandé était de 33 0/0, mais il faut s'entendre sur la valeur de l'objet. Or il y avait dans les appréciations des orateurs adverses une erreur manifeste. Il faut distinguer deux sortes de fils, le fil peigné et le fil cardé. Le fil peigné est fait en jumel qui vient exclusivement d'Égypte. Or il n'arrive que des quantités insignifiantes de ce coton au Hâvre. Il faut aller le chercher à Liverpool et par conséquent payer la surtaxe d'entrepôt soit 3,40 par 100 kilogrammes. Si on veut le faire venir directement au Hâvre, il faut l'amener par chargement complet et alors il faut avoir de très gros capitaux ; ou ce qui est le cas le plus fréquent, par petites quantités qu'on embarque sur les navires des messageries maritimes qui font escale dans ce port. Voyons en ce cas dans quelle condition nous sommes placés au point de vue du fret. Le fret dans la compagnie subventionnée des Messageries maritimes est calculé de façon à ce qu'il n'y ait aucun avantage pour l'industriel à importer directement. En effet la Compagnie prend pour le transport de la tonne 32 francs de

plus que ne payent les Anglais pour l'amener à Liverpool.
La taxe d'entrepôt étant de 3,40, on peut dire qu'elle
joue dans tous les cas. Le coton cardé n° 28 valait en
1891, 2 fr. 21 le kilo, le jumel 3 fr. le kilo. Or en demandant 28 centimes il est facile de calculer qu'on ne ré-
clamait pas 33 0/0 mais seulement 12,60 pour le coton cardé et seulement 9,35 0/0 pour le coton peigné.
Enfin pour les fabricants qui employaient le coton blan-
chi dont le prix était de 3,70, ce n'était plus que de
8,70 0/0.

M. Raynal avait prétendu que les industriels normands
gagnaient beaucoup d'argent. Il donnait comme exemple la filature de la Foudre et les établissements de
Saint-Étienne de Rouvray qui avaient donné plus de
15 0/0 de dividende en 1890. Là aussi il y a une grosse
erreur commise si on veut se donner la peine d'entrer
dans le fond de la question.

Il est vrai qu'en 1890 on avait gagné de l'argent en
Normandie par suite d'achats heureux, mais est-il juste
de dire qu'une industrie est prospère parce qu'un établissement gagne une année de l'argent? Pourrait-on
dire dans le cas contraire qu'elle est ruinée?

Si nous consultons les comptes rendus distribués par
la filature Pouyer-Quertier à ses actionnaires, nous
pouvons voir qu'en 1886 cet établissement a perdu
7,55 0/0, en 1887 3,82 0/0 de telle sorte que de 1883
à 1890 la rémunération du capital de 3 millions a été
exactement de 2,25 0/0.

Nous ne croyons pas que ce soit là un résultat bien brillant et fait pour exciter l'envie.

Pour les usines de Saint-Etienne-de-Rouvray, c'est encore plus frappant.

Ces établissements furent fondés par une Société belge le 30 novembre 1865 au capital de 6 millions.

Le 12 juillet 1872 le capital à la suite de pertes fut réduit de 6 à 3 millions.

Le 20 mars 1882, il fut encore abaissé pour la même raison au chiffre de 1,500,000 francs.

Enfin la société liquida le 18 juin 1883.

Elle fut reconstituée avec l'ancien capital de 1 million 500,000 francs auquel on ajouta un nouveau capital action de 4 millions et un capital obligations de 4 millions.

Voyons quels ont été les résultats. Prenons cette fameuse année 1890. On a prétendu que les bénéfices avaient été de 16 0/0. Pour arriver à ce chiffre il a fallu faire entrer dans les bénéfices, les sommes destinées au payement des intérêts des 4 millions d'obligations et à l'amortissement. En réalité ce fameux bénéfice de 16 0/0 se réduit à 6 0/0 ce qui est un résultat très ordinaire pour un capital placé industriellement. L'année 1890 est la première où on ait amorti : et si nous retranchons des bénéfices touchés jusque-là les 2 1/2 0/0 nécessaires pour les bâtiments et les 7 1/2 0/0 pour les machines, il est bien probable que la moyenne de bénéfices se transformerait en une moyenne de pertes.

Comparons avec les établissements rivaux d'Oldham.

Nous trouvons dans l'*Oldham-Chronicle* les comptes rendus des filatures du Lancashire. Prenons l'année 1887 qui a été une des plus désastreuses pour nous. Sur 85 de ces sociétés dont nous venons de décrire le fonctionnement, *une seule* avait fait un inventaire en perte; 84 avaient produit des bénéfices s'élevant à 250,000 livres sterlings, parmi lesquelles 77 avaient donné 234,000 livres pour un capital de 3,158,000 livres sterling, soit un dividende de 7 1/2 0/0. Nous avons vu qu'il faut faire une réserve au point de vue de la gestion financière, qui n'est pas toujours très régulière au point de vue de l'amortissement, mais en tous cas nous sommes bien loin des pertes de 6 à 8 0/0 qui subirent cette année-là toutes nos filatures.

En réalité le tarif voté par la Chambre et adopté par le Sénat tout en ayant été amendé dans le sens de la liberté est encore suffisamment protecteur. Nous en verrons plus loin les effets. Il nous reste à parler de l'admission temporaire. Une très vive discussion s'engagea à ce sujet. Les admissions temporaires c'est-à-dire les entrées en franchise de filés destinés à être travaillés par les tissages en vue de l'exportation existaient pour les numéros fins au-dessus du n° 50. Il nous était impossible de lutter dans ces sortes avec nos concurrents, et sans cette disposition nos établissements de tulles, de dentelles et de blondes eussent dû fermer leurs portes.

Dans le nouveau projet, le Gouvernement proposait d'établir les admissions temporaires pour toutes les sortes de filés. Cela eut formé une compensation des nouveaux droits. La Commission s'opposa à cette mesure avec la plus grande énergie. Elle démontra que les admissions temporaires établiraient deux prix sur le marché, les prix du filé français et du filé étranger. Une telle coexistence était impossible, et suivant la loi générale, le prix se réglerait sur le prix plus bas du filé étranger. C'était détruire toute l'économie du projet. La Chambre vota l'admission temporaire, puis elle la repoussa deux heures après en refusant d'adopter l'ensemble du projet. Au Sénat la même discussion recommença, mais rien ne fut changé au vote de la Chambre, et l'admission temporaire fut définitivement écartée. Elle subsistait pour les filés au-dessus du n° 50 comme précédemment.

Nous ne nous étendrons pas sur les discussions auxquelles donnèrent lieu les propositions de droits pour les tissus de coton. L'intérêt est bien moins grand, en effet, pour le tissage que pour la filature. En effet, les filés étant la matière première du tissage, il fallait bien augmenter les droits d'une quantité égale à la taxe perçue sur les filés. C'était un simple droit compensateur. Cette compensation devait s'ajouter aux droits nécessaires pour protéger nos industriels contre les avantages inhérents au tissage étranger, la matière

CHAPITRE VI

SITUATION ACTUELLE DE L'INDUSTRIE COTONNIÈRE. — RÉSULTATS DU NOUVEAU RÉGIME. — AVENIR DE L'INDUSTRIE EN NORMANDIE ET D'UNE FAÇON GÉNÉRALE DANS TOUTE LA FRANCE.

Pour étudier les effets du tarif protecteur, nous allons suivre la même méthode que nous avons employée pour étudier les effets du libre échange.

Nous comparerons les chiffres des années qui précèdent et suivent le nouveau régime, puis nous citerons ceux des dernières statistiques, ce qui nous permettra de nous faire une idée de la situation actuelle et d'en tirer des conséquences pour l'avenir.

L'année 1893 suit immédiatement la mise en pratique de notre nouvelle loi. Elle est donc particulièrement intéressante à étudier. Nous nous servirons du rapport publié par la Commission permanente des valeurs de douane.

Les années 1890 et 1891 avaient fourni d'énormes récoltes qui n'avaient pu être consommées en 1891-1892 et il restait aux États-Unis et en Angleterre de

très gros stocks de matière première et de tissus fabriqués. Cet encombrement, s'ajoutant aux Etats-Unis à
une crise financière intense et en Angleterre à une
grève formidable qui dura plus de vingt semaines,
l'industrie cotonnière avait terriblement souffert dans
les deux pays. Il est bien certain que si nous avions
été placés sous le régime du libre échange, cet encombrement des marchés anglais et américains eut produit
comme au moment de la guerre d'Amérique, un véritable envahissement du nôtre, car les fabricants étrangers auraient fait tous leurs efforts pour se débarrasser
de leur stock.

Au lieu de la crise qu'une telle situation pouvait
faire prévoir, notre marché respirait la tranquillité et la
prospérité. « Nos filatures ont été largement pourvues
« d'ordre, dit le rapport de la Commission des valeurs
« de douane ; elles ont à peine suffi aux besoins des
« tissages ; les prix des filés ont été bien tenus et ont
« suivi les fluctuations du cours du coton. »

Cependant, les bénéfices n'avaient pas été ce qu'on
aurait pu prévoir à cause d'une baisse imprévue du
coton en laine arrivée au mois d'avril, quand les achats
de nos filateurs étaient déjà faits. Malgré cette réserve,
on peut considérer l'année 1893 comme satisfaisante
pour la filature.

Filature. — Nous avons vu qu'en 1890, il y avait à
peine dans toute la France 4 millions de broches en activité. D'après les évaluations des contributions indirectes

de 1890 à 1894, l'accroissement du nombre des broches pour la Normandie a été d'environ 200,000 broches. Pour Rouen seulement, et pour la seule année 1893, il avait dépassé 50,000. On pouvait donc estimer l'augmentation des broches pour toute la France à près d'un million (évaluation de M. Ponnier).

En 1893, la filature française a travaillé une quantité de coton qui doit se rapprocher beaucoup de 135 millions de kilos avec lesquels elle a produit 125 millions de kilos de filés représentant environ 350 millions de francs. Toute cette production a passé à la consommation intérieure, car si nous avons exporté 1,005,000 kilos de filés, nous en avons reçu de l'étranger 5,700,000 kilos ; le tissage français a donc eu besoin de 4,600,000 kilos en plus de la filature française. Cette quantité venue de l'étranger est bien faible, car elle ne représente que 3 1/2 0/0 de notre production nationale.

Pour nous résumer, nous pouvons dire que la filature française était depuis 1890, c'est-à-dire depuis que nos industriels avaient la certitude d'avoir un tarif protecteur, dans un état de progrès continu. Un million de broches avaient été mis en marche en 4 années, et à la fin de 1893 un grand nombre de nouvelles filatures étaient en construction.

Tissage.

La situation du tissage pendant cette même période nous apparaît encore meilleure que celle de la filature.

Les résultats de 1893 sont excellents. Nos tisseurs avaient trouvé l'écoulement facile de leur fabrication à un prix rémunérateur. Ceux des Vosges et de Roanne, dont la fabrication est légère et affinée, avaient été principalement favorisés à cause de la grande chaleur du printemps et de l'été. Les tissages de la Normandie avaient peut-être été moins heureux. Nous avons dit que la production normande était surtout une production lourde ou un peu grossière, travaillant beaucoup en vue de l'exportation dans nos colonies. Elle avait eu à souffrir de la crise commerciale que traversait l'Algérie. Il n'y avait pas eu diminution dans nos exportations avec notre colonie, mais il n'y avait pas eu d'augmentation.

Passons rapidement en revue les diverses branches du tissage.

Comparons les chiffres de nos importations en 1893, puis en 1891-92 et enfin en 1889-1890.

Nous avons :

	NOUVEAU RÉGIME 1893	PÉRIODE de TRANSITION 1891-1892	ANCIEN RÉGIME 1889-1890
Écrus et blanchis .	1.174.000	1.325.000	1.211.000
Teints	179.000		
Tissés en fils teints	133.100	555.000	544.000
Percaline pr reliure	138.200		
TOTAUX .....,	1.624.000	1.880.000	1.755.000

Nous voyons qu'il y a peu de changements. Il y a cependant une tendance à la diminution. Il y a en tous cas un résultat excellent pour le pays, c'est l'augmentation des recettes du trésor; les quantités sont les mêmes c'est vrai mais les sommes perçues sont de beaucoup supérieures.

Passons à l'exportation :

	1893	1891-92	1889-90
Écrus et blanchis...	7.910.885	8.722.000	7.922.000
Teints..................	4.960.310	5.412.000	5.325.000
Fabriqués avec des fils teints.	372 555		
	13.243.750	14.134.000	13 257.000

En somme, nos exportations n'ont fait aucun progrès. La hausse de 1891-92 était factice ; elle avait été due aux approvisionnements hâtifs en vue de nouveaux tarifs.

Nous n'avons pas à nous étonner beaucoup de cet état stationnaire. Nous produisons beaucoup trop cher pour pouvoir exporter. Nous ne pouvons compter comme débouché extérieur que sur nos colonies. Or, nous allons voir que celles-ci n'avaient pas beaucoup augmenté leurs demandes, tandis que les autres nations par esprit de représailles — la Suisse surtout — s'écartaient le plus possible des produits français.

Voici pour 1892 et 1893 le chiffres de nos exportations dans nos colonies.

DESTINATION	ANNÉE 1893 Tissus			ANNÉE 1892 Tissus		
	Écrus et Blanchis	Teints	Totaux	Écrus et Blanchis	Teints	Totaux
	1 000 kil.	1 000 kil.	1 000 kil.	1 000 kil.	1 000 kil.	1 000 kil.
Algérie.......	4.511	1.860	6.371	4.407	1.920	6.337
Indo-Chine..........	894	73	967	654	73	727
Sénégal..	*50	196	*246	*50	123	*173
Autres colonies	*190	*130	*320	*190	*130	*320
Totaux.......	5.645	2.259	5.901	5.301	2.246	7.547

* Environ.

Nous pouvons constater que nos colonies ont figuré
pour 75 0/0 dans le total de nos exportations de tissus
écrus et blanchis et pour *49 0/0 dans nos exportations
de tissus teints.

La situation en Algérie avait été peu favorable, par
suite de mauvaises récoltes coïncidant avec des récoltes
exceptionnellement bonnes en France pour le vin et les
céréales. Aussi, les demandes de tissus écrus étaient
demeurées stationnaires et celles en tissus teints
avaient légèrement baissé.

La situation était meilleure pour nos relations avec
l'Indo-Chine. Les demandes de tissus écrus avaient passé
de 654,000 kilos à 894,000. Les tissus teints étaient res-
tés au même point.

C'était un commencement. En effet, en assimilant à
la Métropole notre empire Indo-Chinois au point de vue
douanier, nous avions eu comme but principal de remplacer les importations textiles étrangères par les produits de nos fabriques. Cependant, il restait encore
beaucoup à faire, car d'après les renseignements re-
cueillis par M. G. Roy, filateur et tisseur, la Cochin-
chine seule avait importé pour environ 2,500,000 kilos
de tissus de coton d'origine étrangère. Néanmoins, on
était en bonne voie et on pourrait espérer arriver au
même résultat qu'en Algérie où les tissus anglais n'entraient plus en 1893 que pour moins de 100,000 kilos.

2° *Tissus de coton imprimés.* — Les imprimeries
sur étoffes de Normandie et des Vosges ont fait en
1893 d'excellentes affaires. Toutes ont travaillé d'une
façon rémunératrice. Cependant, en examinant les
chiffres de nos exportations et celui de nos importations, cette situation prospère n'est pas sensiblement
visible. On voit bien que l'état est favorable, puisque
nous avons plus exporté et moins importé que
l'année précédente, mais les différences sont peu sen-
sibles.

En effet, nous avons pour 1892 et 1893 exporté et
importé les quantités suivantes :

	1892	1893
Importation ..	1.061.000 kilos	920.000 kilos
Exportation ..	1.197.000 —	1.205.000 —

Il y a une petite amélioration mais bien faible en comparaison de l'importance de l'industrie. C'est donc à la grande consommation intérieure qu'il faut attribuer le regain d'affaires de l'impression sur tissus de coton. Cette reprise venait et du caprice de la mode et surtout de la chaleur exceptionnelle de la saison, ce qui avait fait vendre beaucoup de tissus légers.

En somme qu'avons-nous vu en examinant les résultats de l'année 1893, et qu'en peut-on conclure quant à l'action du régime nouveau ?

La filature avait beaucoup prospéré. Le nombre de broches s'était considérablement augmenté, peut-être même un peu trop vite, car cette augmentation d'un quart dans une période de trois ans pouvait amener une crise de surproduction. Mais combien cette situation était-elle plus rassurante et plus réconfortante que celle qui a paru sous nos yeux quand nous avons voulu découvrir les effets du libre échange ! Il semble que nos industriels aient repris confiance, car ils se sentaient maîtres ou à peu près du marché métropolitain, marché immense, non par le nombre des acheteurs, mais par son énorme faculté d'acquisition tenant à une grande richesse beaucoup mieux répartie qu'en tout autre pays, immense aussi par son avenir, car les colonies assimilées à la Métropole peuvent devenir un immense débouché pour nos tissages, et par suite pour notre filature.

Encore une fois, nous retrouvons la confirmation de

l'harmonie qui existe dans le développement des différentes branches de l'industrie.

Cette impression excellente que nous laisse cette première année de régime protecteur, n'est-elle que le fruit
d'une vaine illusion ? L'industrie ne va-t-elle pas, après
une courte période de prospérité, se trouver étouffée
dans nos frontières, après avoir vu fermer à ses produits
tous les marchés étrangers ?

Depuis 1892, des années se sont écoulées, en nombre
suffisant pour pouvoir affirmer que les résultats obtenus
à l'heure actuelle ont une valeur probante assez sérieuse
pour juger définitivement l'œuvre accomplie. Nous allons prendre les statistiques les plus récentes, celles de
1899. Nous nous servirons de celles de la Commission
des valeurs de douane, parce qu'elle nous paraissent
les plus sûres et les moins susceptibles d'être influencées
par telle ou telle conviction personnelle. Il ne nous res-
tera plus qu'à juger d'après ces chiffres et à en tirer
des conclusions.

Filature.

La filature du coton des premiers mois de 1899 n'a
pas été très prospère, mais il faut ajouter que cette situation n'est pas particulière à la France mais générale
à tous les pays producteurs.

Cette crise passagère vient de la surproduction, produite par la récolte exceptionnelle de coton en Amérique. Les méthodes perfectionnées de culture s'étant gé-
néralisées, l' « acréage », c'est-à-dire la quantité d'acres

servant à la culture ayant encore augmenté, la récolte
a passé de 2 milliards 900 millions de kilos, en 1897,
à 3 milliards 600 millions en 1898, et à 3 milliards
700 millions en 1899. Il en est résulté que le coton
en laine a atteint en septembre 1898 le cours extraordinairement bas de 37,25 est resté aux environs de
40 francs. D'où pour nos usines qui traitent les cotons
d'Amérique une situation commerciale très défavorable.
Le filé baissant comme la matière première, nos fabricants ont dû vendre sans bénéfice pour se débarrasser
de leur stock. Cette situation difficile a surtout affecté
les usines normandes justement à cause de leur genre
de fabrication.

Car il est à noter que si la filature du coton d'Amérique n'a pas été productive, celle du coton d'Egypte ou
Jumel a été excellente. Nous avons donné comme raison de la mauvaise situation du marché du coton en
laine, la trop grande abondance de cotons américains.
Il en est une autre aussi importante et même peut-être
plus importante par ses conséquences durables, c'est la
nouvelle orientation prise depuis peu par la production
française. Sous l'action du régime protecteur, nos filateurs se sont mis à produire des tissus plus fins, plus
serrés, qui leur étaient jusqu'alors interdits. Ces tissus
ne peuvent être fabriqués qu'avec du coton Jumel.

Comme nous l'avons dit au commencement de cette
étude, le coton d'Egypte a la fibre très longue et très
résistante. Il permet de faire des numéros fins qui ont

de 40,000 à 100,000 mètres au demi-kilo. Les fils fabriqués avec les cotons d'Amérique ont trouvé une résistance sur le marché qui les a dépréciés ; mais cette défaveur était toute passagère, car la consommation de nos colonies étant toute de coton américain, celui-ci ne pouvait manquer de rentrer en faveur. En effet à partir de septembre 1899, la matière première a remonté, car on craignait pour la future récolte. Dans les premiers jours d'octobre, le coton atteignait 49 fr. 50. La hausse s'arrêta un instant, car la croyance à la mauvaise récolte fut ébranlée par la circulaire de la grande maison anglaise Weil Crokers, qui certifiait avoir reçu de nombreux rapports présentant la récolte sous un jour très favorable. Mais les Américains restaient orientés à la hausse ; cette tendance l'emporta, et le coton, qui valait 40 francs le 1er janvier 1899, valait 53 fr. 50 le 1er janvier 1900, soit une hausse de 35,75 0/0.

Dès le commencement du mouvement, nos fabricants s'aperçurent qu'ils s'étaient trop vite débarrassés de leur stock. Les tisseurs, les imprimeurs, voulurent remplir leurs magasins. Les commandes affluèrent à la filature, et le prix du filé monta avec celui du coton. La chaîne 28 en Louisiane, qui valait 1 fr. 55 en janvier 1899, valait 2 francs en janvier 1900. Cette hausse a été excellente pour tous nos établissements. Elle est venue compenser les mauvais mois du début de l'année. Les filateurs et les tisseurs avaient, malgré leurs ventes forcées des premiers mois, encore de grosses quantités de marchandises ; ils les ont écoulées avec de gros bénéfices.

Nous avons parlé d'une crise en 1899 : remarquons que ce n'était qu'une crise *commerciale*, et non une crise *industrielle*. Les industriels ont mal vendu, mais les demandes ne s'étaient pas ralenties et la consommation n'avait pas diminué. La filature avait travaillé 180 millions de kilos de coton.

Examinons maintenant les chiffres de notre commerce avec l'étranger.

Importation des fils de coton en 1899.

FILS DE COTON SIMPLES		FILS DE COTON RETORS	
Écrus	1.222.400 k	Écrus	503.600 k
Blanchis	31.400	Blanchis	73.800
Teints	49.900	Teints	339.800
Glacés	39.700	Glacés	31.200
Chaînes ourdies ..	4.900	»	»
TOTAL GÉNÉRAL : 2.296.700 kilogrammes.			

Si nous considérons l'année 1893, nous voyons que nos importations y figuraient pour 5,700,000 kilos. Nous demandons donc actuellement à l'étranger deux fois moins de filés pour une production supérieure d'un bon tiers, car de 120 millions de kilos qu'elle travaillait, la filature est passée à 180 millions ! La situation est donc des plus favorables. Elle montre que nous nous sommes, en six années, rendus absolument maîtres de notre marché intérieur. Ces 2,296,700 kilos ne représentent en effet que 1,75 0/0 de notre production totale ! C'est insignifiant.

Passons maintenant à nos exportations.

Exportation des fils de coton en 1899.

FILS DE COTON SIMPLES		FILS DE COTON RETORS	
Écrus	960.800	Écrus	181.500
Blanchis	270.400	Blanchis	383.000
Teints	171.400	Teints	314 800
Glacés	6.700	Glacés	7.400
Chaînes ourdies	400	»	»
TOTAL GÉNÉRAL : 2.193.100 kilogrammes.			

Comparons avec 1893. Nous avions exporté 1,065,000 kilogrammes de fil. Nous avons donc passé du simple au double. Cependant, il faut ajouter que le chiffre de nos exportations en 1899 a été absolument anormal. Il double celui de l'année précédente. Cette augmentation tient aux sacrifices faits au commencement de l'année pour se débarrasser des stocks. Au point de vue commercial elle n'a que peu de valeur, car beaucoup d'affaires ont été faites sans résultats et peut-être même à perte. Cependant, si au point de vue des bénéfices, le résultat a été à peu près nul, il n'en est pas de même au point de vue moral, les ventes exceptionnelles faites au dehors surtout dans les pays du Nord auront servi à faire connaître nos produits sur des marchés où ils étaient à peu près inconnus.

Tissage.

La situation du tissage en 1899 a été bien meilleure que celle de la filature. En effet il n'a pas eu à souffrir autant qu'elle, de la baisse du coton en laine et bien que des stocks assez forts aient rendu les affaires difficiles, les bénéfices ont été excellents, car les filés ont été payés très bon marché. Quand est venue la hausse de septembre, le prix des tissus est monté très rapidement. Les gros acheteurs, en particulier ceux de la confection de vêtements et de la lingerie, ont fait affluer les demandes, car ils craignaient une hausse encore plus accentuée. Les stocks existants ont été ainsi épuisés d'une manière très avantageuse pour le producteur et les engagements à livrer sont devenus très importants. Certains tisseurs ont leurs métiers occupés d'avance pour deux ans ! On peut dire que toute notre industrie du tissage est à l'heure actuelle dans une période d'activité et de prospérité extraordinaire.

Examinons de quelle importance a été notre commerce avec l'étranger.

Voici le tableau de nos importations pour 1899 :

G. B. 13

Importations de tissus de coton de tous genres.

Année 1899

Tissus de coton écrus, teints, imprimés..........	1 002.200 kilos
Toiles cirées............................	1.342.700 —
Tulles, dentelles, broderies, rubans.............	390.400 —
Bonneterie...................................	149.300 —
TOTAL	2.684.600 kilos

Si nous comparons avec l'année 1893, nous trouvons une augmentation de un million de kilogrammes. C'est fort peu pour l'augmentation de la consommation. Du reste les importations étrangères portent sur des tissus spéciaux comme les toiles cirées que nous n'avons pas avantage à fabriquer et il est probable que le chiffre de nos importations ne pourra guère diminuer.

Mais le fait caractéristique de l'année 1899, est l'élan pris par nos exportations.

En 1893 nous n'exportions que 13,243,750 kilos de tissus, en 1899 nous avons exporté pour 30,881,800 kilos. Nous avons presque doublé en 6 ans.

Voici le tableau de nos exportations.

Exportations de tissus de coton de tous genres.

Année 1899

Tissus de coton écrus, teints et imprimés........	27.462.900 kilos
Toiles cirées...............................	155.500 —
Tulles, dentelles, broderies, rubans.............	1.022.700 —
Bonneterie...................................	2.240.700 —
TOTAL......	30.881.800 kilos

Ce chiffre de 30,881,800 est extrêmement remarquable. Il est le signe certain d'une grande prospérité. Il marque deux résultats excellents : l'augmentation de la production, l'augmentation des débouchés.

Nous allons essayer de nous rendre un compte exact de la situation en étudiant spécialement nos exportations de tissus unis et croisés, écrus, blanchis et teints.

Ces tissus forment la partie principale de la fabrication française et presque la totalité de la fabrication normande. Examinons successivement les quantités que nous en avons exportées depuis l'application du régime protecteur :

Tissus	1899	1898	1897	1889-90
	kilos.	kilos.	kilos.	kilos.
Écrus	4.320.400	4.143.800	3.463.500	7.129.700
Blanchis........	9.612.100	6.703.000	5.195.300	
Teints..........	11.661.500	8.598.600	7.930.800	
Fabriqués en fils teints	329.200	386.400	298.400	4.034.900
Totaux.....	25.923.200	19.831.800	19.878.000	11.164.600

Nos exportations ont donc plus que doublé en 10 ans. Nous voyons sur le tableau ci-dessus qu'en 1899 nous avons exporté 6,091,400 kilos de plus qu'en 1898, dont 5,327,600 kilos ont été envoyés dans nos colonies et 764,300 dans les autres pays. Nous avons fait 15 0/0 d'affaires en plus avec l'étranger et 35 0/0 avec nos co-

lonies sur le chiffre de 1898, 65 0/0 sur le chiffre de
1897.

Cette différence est trop considérable pour s'expliquer
par la prospérité générale. Elle démontre que nous
avons su conquérir de nouveaux marchés. Cette excellente situation tient à la prospérité de l'Algérie et à
l'introduction générale de nos produits en Indo-Chine
et à Madagascar.

L'Algérie a consommé à elle seule 11,112,700 kilos
de tissus de coton, non compris les tissus imprimés dont
nous reparlerons. C'est une plus-value de 30 0/0 sur
1898. Le marché algérien est devenu pour nous un débouché de premier ordre. Cette augmentation nous l'at-
tribuons à la prospérité générale de la colonie bien plus
qu'à notre pénétration vers le Sud, car nos relations
avec les peuplades sahariennes, n'ont guère été commerciales jusqu'à présent.

Pour Madagascar et l'Indo-Chine, c'est autre chose.
Nous ne sommes plus en face d'un marché qui se dé-
veloppe, mais bien d'un marché tout développé dont
nous chassons nos rivaux.

Commençons par Madagascar.

Voici les quantités de tissus unis et croisés importés
durant les trois dernières années :

        1890. . . . . 2.705.200 kilos.
        1898. . . . . 1.900.000 —
        1897. . . . .   211.000 —

Chaque année montre une poussée vigoureuse en

avant. Nous faisons des progrès et des progrès défi-
nitifs.

C'est la région normande qui profite le plus de cette
situation. Nos industriels ont envoyé dans la grande île
africaine une commission chargée d'étudier les besoins
de la population, de connaître ses habitudes et le genre
de sa consommation. Ils ont parfaitement réussi. Muni
des documents rapportés, ils ont créé des ateliers spéciaux pour les tissus qu'on leur demandait. Ils sont prêts
à inonder le marché malgache de pièces de cotonnades
mesurées au yard, pour ne pas gêner les indigènes ac-
coutumés à la production anglaise et américaine, et por-
tant comme marque distinctive du prix et de la qualité.
tous les animaux et toutes les plantes de la création.
Ils ont aussi réagi contre cette mauvaise habitude que
nous avons et qui nous a fait perdre beaucoup de marchés, celle de vouloir imposer notre goût et nos habitudes à nos acheteurs au lieu de nous soumettre aux leurs.

Malheureusement l'île de Madagascar, quoique très
vaste, n'a pas une population dense, et certainement son
marché ne peut nous présenter les ressources vraiment
très grandes de l'Indo-Chine. Pour cette colonie la situation quoiqu'excellente n'est pas encore ce qu'elle de-
vrait être.

Voici les chiffres pour les trois dernières années :

    1899 . . . . 3.975.000 fr.
    1898 . . . . 3.170.000 fr.
    1897 . . . . 2.635.700 fr.

La progression est constante, mais pas aussi rapide
que le comporte l'immensité du marché. C'est que nous
y rencontrons des populations beaucoup plus civilisées
qu'à Madagascar et auxquelles il est très difficile de
faire perdre l'habitude de se fournir en Angleterre et
aux Etats-Unis.

Si on réunit les chiffres de nos exportations en Indo-
Chine et à Madagascar on voit que nous avons gagné
135 0/0 depuis 1897, c'est-à-dire dans le court espace
de deux années. Ce fait est excessivement important,
car nous n'avons pas là une cause de prospérité passagère, mais continue et qui peut augmenter presque indéfiniment. Faisons quelques observations sur les tissus
imprimés.

Tissus imprimés.

Nous avons vu qu'en 1893, notre industrie de l'impression sur étoffes n'était pas dans une situation aussi
excellente que celle des autres branches de l'industrie
cotonnière. Elle n'avait pas su conquérir les marchés
étrangers et elle se maintenait par la fourniture du
marché intérieur.

Cependant nous avions remarqué que celui-ci ne lui
appartenait pas exclusivement puisque l'étranger, surtout l'Alsace, avait importé chez nous près d'un million
de kilogrammes.

Nous retrouvons, en 1899, la situation améliorée.
Malgré l'augmentation de la consommation les importations étrangères sont tombées à 685,800 kilos.

Les voici avec la désignation des pays d'origine :

Angleterre	193.800	kilos.
Allemagne	452.800	—
Suisse	36.100	—
Autres pays	9.400	—

C'est l'Alsace qui nous fournit les 3/4 des importations. Mais il faut noter que c'est elle qui a le plus souffert de nos progrès.

Pour l'exportation, il est difficile d'avoir des chiffres exacts par suite des fausses déclarations qui font entrer une grande quantité de tissus imprimés dans la catégorie des tissus teints.

Dans nos colonies seules, nous aurions exporté, d'après la Commission des douanes 1,137.000 kilos dont 414,000 rien que pour l'Algérie. C'est une augmentation de 30 0/0 sur l'année 1898.

La situation de nos imprimeries sur étoffe est donc favorable, si elle n'est pas aussi développée que celles de la filature et du tissage, elle n'inspire aucune crainte, et se montre très rémunératrice.

Nous arrêterons là notre étude des différents tissus. Nous avons pu voir que les toiles cirées jouaient un grand rôle dans le chiffre de notre commerce extérieur. Nous les laisserons de côté, car si ces tissus sont rangés par la Commission des douanes dans les produits de notre industrie cotonnière, il faut avouer qu'ils ne s'y rattachent que de très loin, car la valeur d'une toile cirée dépend non pas de l'étoffe mais de l'enduit qui la

recouvre. Nous ne parlerons pas non plus des tissus
mélangés : laine et coton, soie et coton, lin et coton. Ils
font l'objet de transactions énormes, mais ils n'intéressent aucunement l'industrie normande et leur étude
sortirait du cadre que nous nous sommes donné.

Nous venons de voir, chiffres en main, les résultats de
l'année 1899. Nous avons pu les comparer avec ceux de
1893 qui est la première année du régime protecteur.
Nous pourrions les comparer en nous reportant au
chapitre précédent à ceux de 1869.   ·

Il suffit de les avoir lus pour en tirer une conclusion ;
elle saute aux yeux et nous ne nous attarderons pas à
chanter les louanges du nouveau régime et à démontrer
ses avantages. Les résultats parlent d'eux-mêmes, et la
brutalité des chiffres est là pour faire taire les partisans
endurcis du libre échange.

Il ne nous appartient pas ici de faire le procès de
telle ou telle doctrine douanière, procès qu'il serait du
reste bien impossible de faire sans se contredire rapidement, car en économie politique et surtout en économie
politique appliquée, il n'y a pas de règle absolue. Telle
mesure conviendra à une industrie, qui pourra en rui-
ner une autre et réciproquement. Une vérité économique n'a rien d'une vérité mathématique. Elle s'applique
à une espèce et non à une généralité.

CONCLUSION

—

Nous avons étudié l'industrie cotonnière, et pour nous limiter dans un champ aussi vaste, nous avons choisi l'industrie normande ; c'est le groupe le plus important, c'est celui qui a été le plus influencé par les événements, c'était donc le plus intéressant à étudier pour montrer quelle influence peut avoir une loi douanière sur la richesse d'un pays et sur la destinée de millions d'ouvriers !

Nous l'avons passé en revue sous trois régimes bien différents : la prohibition, le libre échange, la protection raisonnée. Nous en avons vu les résultats, et nous sommes heureux de pouvoir dire que le régime actuel paraît le plus propre à lui assurer la prospérité.

L'industrie du coton ne peut pas être chez nous une industrie expansive. Nous produisons trop cher ; cela tient à des causes multiples que nous avons étudiées et auxquelles nous ne pouvons nous soustraire. Force nous nous est de courber la tête ; mais si nous ne pouvons espérer conquérir les marchés des puissances voisines, nous avons le droit et le devoir de nous conserver le nôtre celui de la métropole et celui des colonies. Il fau-

dra nous contenter du marché intérieur. Notre part est
limitée, mais elle est encore très belle et peut donner
lieu à une industrie formidable.

Ces ressources immenses que nous offre notre propre pays, J.-B. Say les avait bien en vue quand il
écrivait :

« Le commerce intérieur d'un pays, quoique moins
« évident et moins frappant que le commerce extérieur,
« outre qu'il est plus considérable, est aussi le plus avan-
« tageux, car les envois et les retours de ce commerce
« sont nécessairement des produits nationaux. Ils don-
« nent le mouvement à une double production et les
« profits n'en sont pas partagés avec les étrangers. »
Cette supériorité du marché intérieur, le législateur de
1860 l'avait oublié : c'est peut-être là le secret de sa
faute. Il ne faut pas croire, comme on l'a souvent prétendu, qu'une industrie qui se réserve pour le marché
intérieur n'est pas apte à profiter des circonstances et à
exporter, quand, par suite d'événements, cette exportation devient avantageuse. L'étude que nous venons faire
de l'année 1899 en fournit un éclatant démenti. Nous
avons su écouler notre stock devenu trop important sur
les marchés étrangers, et nos industriels, enrichis et en-
couragés par les affaires prospères qu'ils avaient faites
avec l'intérieur, n'ont pas hésité à s'imposer des sacrifices pour porter nos produits sur les marchés étrangers,
les faire connaître et profiter de cette sorte de réclame
intelligente pour écouler un surcroît de production.

Les industries, fortement protégées, préféreront toujours exporter leur trop plein en pure perte si la consommation intérieure vient à baisser accidentellement. Cette perte, portée sur les livres de caisse, n'est pas en réalité une perte, car en agissant ainsi elles maintiennent une sorte d'équilibre sur le marché international. Si nous exportons dans un pays étranger des articles auxquels il n'est pas habitué, il faut que nous vendions ces produits à un prix plus bas qu'il ne peut le faire lui-même; il en résulte pour lui un affaiblissement qui peut nous devenir très profitable. Les industries, protégées par des droits assez élevés pour éloigner tout danger de représailles, pourront toujours jeter le trouble quand elles le voudront sur un marché ouvert ou mal défendu, et elles pourront le faire d'autant plus impunément qu'elles seront placées sous un régime protecteur.

Telle qu'elle nous apparaît maintenant, l'industrie cotonnière française nous semble une industrie très fortement constituée. Elle est en possession d'un outillage en partie très moderne qui lui permet non-seulement de satisfaire à la consommation toujours plus grande du pays et des colonies, mais aussi de faire des genres qui ont été bien longtemps le monopole de l'étranger. Nous commençons à très bien faire les filés fins au-dessus du n° 50 et bientôt nous n'aurons plus à en demander à l'Angleterre et à la Suisse. Voyant les affaires prospérer, nos industriels se lancent dans la voie des essais dont beaucoup ont été couronnés de succès. Les zéphyrs légers, apanage presque exclusif de l'Angleterre, sont admirablement traités à Roanne et la région normande elle-même commence à s'adonner à cette belle fabrication. Nos imprimeries sur étoffes ont perfectionné leurs méthodes ; devant les bénéfices des dernières années, nos imprimeurs n'ont pas hésité à monter de nouveaux ateliers, à s'entourer des meilleurs dessinateurs ; et nous avons pu voir à l'Exposition universelle, des tissus imprimés pour ameublement qui ne le cèdent en rien aux spécialités alsaciennes. L'importation de cette contrée a du reste, baissé des trois quarts en 1899.

Cette prospérité actuelle de l'industrie cotonnière paraît devoir être durable. Elle est dans une période d'augmentation qui doit se prolonger longtemps. Notre population métropolitaine augmente peu ; mais ses facultés de consommation s'accroissent avec l'augmentation de la richesse. Les fortunes se nivellent. Il y a peut-être moins de gens très riches, il y a beaucoup plus de gens aisés. Or cette classe moyenne est celle qui consomme le plus de tissus de coton, et de tissus de belle qualité qui sont les plus rémunérateurs pour l'industrie. On arrive à faire, avec le coton, des étoffes qui peuvent presque rivaliser avec les soieries. Un nouveau traitement, le mercerisage, permet de donner au filé l'aspect soyeux du fil du ver à soie. De nouveaux genres d'étoffes ont été créés en utilisant cette méthode, et de très grosses ventes ont été faites.

Nous voyons donc une augmentation certaine des produits de belle qualité pour le marché métropolitain. Mais ces fabrications soignées, tout en étant très avantageuses, ne forment pas le fond de notre fabrication. Toute la région que nous avons étudiée s'adonne aux genres lourds et communs. Nos filatures normandes filent des cotons d'Amérique. Nos tisseurs normands emploient ces filés, et ils ont un débouché immense qui s'est brusquement révélé dans notre marché colonial. Après l'Angleterre, nous sommes le pays qui possède le plus de colonies. Sous le régime du libre échange, leur marché nous était absolument interdit. L'étranger y régnait en maître, car non seulement il produisait meilleur marché que nous, mais il transportait ses marchandises à meilleur compte, et la différence à notre désavantage était absolument écrasante ; nous nous sentions vaincus d'avance et nous n'avions pas même l'outillage nécessaire à la production des produits demandés. Avec le régime protecteur et l'assimilation à la métropole, la situation s'est retournée, et nous nous sommes trouvés avoir à fournir à des peuples immenses très grands consommateurs de coton. Nous avons parlé de l'Indo-Chine et de Madagascar. Presque toutes les exportations de tissus pour ces deux pays viennent des fabriques normandes qui se sont immédiatement outillées pour fournir les genres demandés. Cette nouvelle fabrication leur convient parfaitement, car les tissus pour les colonies se rapprochent des genres qu'elles ont toujours faits ; ce sont des tissus communs, tissés très peu serrés et composés de filés assez gros.

Les résultats obtenus peuvent être qualifiés de surprenants. Nous avons augmenté nos exportations avec nos colonies de 135 0/0 en trois ans ! Il nous reste encore beaucoup à faire surtout avec l'Indo-Chine, et de ce côté un avenir très brillant, une prospérité soutenue nous paraît réservée à l'industrie cotonnière française et en particulier au groupe normand.

Il serait injuste et même puéril de vouloir méconnaître l'effet salutaire du régime protecteur, et d'attribuer à d'autres causes l'excellente situation présente. Il semble que la protection, non seulement a donné à nos industriels des résultats matériels, mais qu'elle a eu sur leurs qualités morales les plus heureux effets. Elle a développé chez eux des qualités d'initiative et de hardiesse qui leur manquaient. Un outillage neuf a été créé sur le modèle anglais, et nous avons apporté chez nous les méthodes de travail qui réussissaient si bien à l'étranger. Nous avons augmenté notre production et perfectionné nos produits ; loin de vouloir profiter de la situation privilégiée qui nous était fournie sur notre marché, pour nous borner à une production ordinaire dont l'écoulement était assuré, nous avons réduit à néant les calomnies de ceux qui prétendent qu'une industrie protégée croupit dans l'indolence et se montre ennemie du progrès. Nous avons voulu vaincre par la supériorité

de nos produits ; nous y avons réussi, et nous sommes
appelés à gagner sur les marchés de nos rivaux la place
qui est due à toute production du génie français, c'est-
à-dire la place d'honneur dans le domaine du bon goût
et de la belle fabrication.

Il semble que le législateur, en votant la nouvelle
loi douanière pour l'industrie du coton, se soit vraiment
inspiré, comme le lui demandait le Gouvernement dans
son exposé des motifs, de la seule idée d'augmenter la
grandeur de la patrie.

Vu :

Le Président de la thèse,

P. CAUWÈS.

Vu :

Le Doyen,

GLASSON.

Vu et permis d'imprimer :

Le Vice-Recteur de l'Académie de Paris,

GRÉARD.

BIBLIOGRAPHIE

—

PUBLICATIONS OFFICIELLES

Pouyer-Quertier. — Rapport de M. Pouyer-Quertier au Sénat. Imp. Nationale, Paris, 1888.

Ministère du Commerce. — Enquête sur le régime douanier. Questionnaire. Analyse sommaire des réponses. Paris, 1889-1890. Imp. Nationale.

Ministère du Commerce. — Tarif général des douanes pour l'année 1892. 4 vol. gr. in-4°. Paris, Imp. Nationale, 1892.

Ministère du Commerce. — Grandgeorge et Tabourier. — Les industries textiles de la France en 1893-1894-1895-1899. Publication annuelle. Paris, Imp. Nationale, 1894-1895-1896-1900.

PUBLICATIONS DE LA CHAMBRE DE COMMERCE DE ROUEN

Chambre de Commerce de Rouen. — Exposé de la situation des industries du coton par la Commission de Rouen. Rouen, 1869, Lapierre et Cie.

Chambre de Commerce de Rouen. — Résultats du régime économique de 1860. Etude sur la situation industrielle et commerciale de la Normandie. Rouen. Lapierre et Cie, 1869.

Chambre de Commerce de Rouen. — Réponse au questionnaire du Conseil supérieur du Commerce et de l'Industrie. Rouen, 1890.

Yver. — Mémoire pour servir à la détermination du tarif minimum des filés de coton jusqu'au n° 40. Rouen, 1890.

LIVRES CONSULTÉS

L. Deschamps — Études élémentaires sur le coton, Rouen, Cagniard 1885.

L. Rÿbaud. — Le coton, son régime, ses problèmes, son influence en Europe. Paris, Michel Lévy, 1863.

A. Corneille. — La Seine Inférieure industrielle et commerciale. Étude historique, statistique et économique. Rouen, Herpin 1873.

Léon Amé. — Histoire des douanes françaises et des traités de commerce. Paris, 1876.

Cauwès. — Économie politique. Paris, 1899.

Fleury. — Chambre Syndicale des tissus et nouveautés. Conférence du 7 décembre 1893 sur le nouveau régime douanier. Paris, 1894, in-16.

TABLE DES MATIÈRES

Grande Imprimerie de Blois, 2, rue Haute. X 5121.